"中国劳模"系列丛书

启智铸魂的先生

# 尤立增

刘景娟◎著

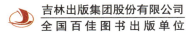

吉林出版集团股份有限公司

全国百佳图书出版单位

图书在版编目（CIP）数据

启智铸魂的先生：尤立增 / 刘景娟著. -- 长春：吉林出版集团股份有限公司，2025.3. --（"中国劳模"系列丛书 / 徐强主编）. -- ISBN 978-7-5731-6289-2

Ⅰ . K825.46

中国国家版本馆CIP数据核字第2025JT4781号

QIZHI-ZHUHUN DE XIANSHENG：YOU LIZENG

## 启智铸魂的先生：尤立增

| 出 版 人 | 于 强 |
| --- | --- |
| 主 编 | 徐 强 |
| 著 者 | 刘景娟 |
| 组稿统筹 | 东北师范大学文学院创意写作研究中心 |
| 责任编辑 | 石榆淼 |
| 装帧设计 | 崔成威 |

| 出 版 | 吉林出版集团股份有限公司 |
| --- | --- |
| 发 行 | 吉林出版集团社科图书有限公司 |
| 地 址 | 吉林省长春市南关区福祉大路5788号　邮编：130118 |
| 印 刷 | 唐山富达印务有限公司 |
| 电 话 | 0431-81629711（总编办） |
| 抖 音 号 | 吉林出版集团社科图书有限公司　37009026326 |

| 开 本 | 710 mm×1000 mm　1 / 16 |
| --- | --- |
| 印 张 | 8.5 |
| 字 数 | 85 千字 |
| 版 次 | 2025 年 3 月第 1 版 |
| 印 次 | 2025 年 3 月第 1 次印刷 |

| 书 号 | ISBN 978-7-5731-6289-2 |
| --- | --- |
| 定 价 | 50.00 元 |

如有印装质量问题，请与市场营销中心联系调换。0431-81629729

# 序　言

　　劳动创造财富，劳动创造幸福，劳动创造未来。习近平总书记在 2020 年全国劳动模范和先进工作者表彰大会上的讲话中指出："全社会要崇尚劳动、见贤思齐，加大对劳动模范和先进工作者的宣传力度，讲好劳模故事、讲好劳动故事、讲好工匠故事，弘扬劳动最光荣、劳动最崇高、劳动最伟大、劳动最美丽的社会风尚。"当今世界，综合国力的竞争归根到底是科技人才和高素质劳动者的竞争。改革开放以来，我们强大的工人队伍用辛勤劳动和拼搏奉献推动中国制造、中国智造、中国创造走向世界的前列，新时代的中国面貌日新月异。大力弘扬劳模精神、劳动精神、工匠精神，加强高素质技能人才队伍建设，打造一支宏大的知识型、技能型、创新型劳动者队伍是伟大时代赋予我们的历史责任。

　　劳动模范是民族的精英、人民的楷模，是共和国的功臣。自改革开放以来，广大职工勇立改革潮头，独立自主，奋发图强，勇于创新，其中涌现出一批批全国劳模和大国工匠，他们参与建设了代表中国高度、中国速度、中国深度的一系列重大工程，提升了国家实力，打造了"中国名片"，树立了"中国品牌"，增添了"中国力量"，充分释放出工人阶级的创新活力，展示出大国工匠强大的创造能力。他们以工人阶级的满腔热忱在各自平凡的工作岗位上创造了辉煌的业绩，书写了新时代的壮丽篇章。

爱岗敬业、争创一流、艰苦奋斗、勇于创新、淡泊名利、甘于奉献的劳模精神，崇尚劳动、热爱劳动、辛勤劳动、诚实劳动的劳动精神和执着专注、精益求精、一丝不苟、追求卓越的工匠精神，是广大劳动群众在社会生产实践中锤炼形成的弥足珍贵的精神财富，是工人阶级伟大品格的具体体现，是民族精神和时代精神的生动体现。民族复兴需要劳动模范，祖国强盛需要大国工匠，中国制造、中国智造、中国创造更需要大国工匠的强有力支撑。劳模、工匠等的成长故事、先进事迹中承载的劳模精神、劳动精神和工匠精神，是激励全国各族人民团结奋斗、勇往直前的强大精神力量。

"中国劳模"系列丛书，采用图文结合的方式，讲述全国劳模、大国工匠和先进工作者的成长经历及他们追梦、筑梦、圆梦的故事，用他们在平凡岗位上创造不平凡业绩的真实故事感染读者，形成劳动最光荣、劳动最崇高、劳动最伟大、劳动最美丽的社会风尚，引导广大技术工人和青少年形成劳动光荣、技能宝贵、创造伟大的观念。

　　"匠心筑梦，强国有我。"新时代是一个万象更新、生机勃勃的时代，也是一个继往开来、创新创业和建功立业的大时代。希望广大读者能以劳动模范为榜样，以大国工匠为楷模，立志技能报国、技术强国，踔厉奋发，勇毅前行，锤炼思想品格，汲取劳动智慧，勇于担当、勤于钻研、甘于奉献，为推进新型工业化和乡村振兴，为加快建设制造强国、质量强国、航天强国、交通强国、网络强国、数字中国、农业强国，全面建设社会主义现代化国家贡献青春力量。

中华全国总工会副主席（兼）

中国航天科技集团有限公司第一研究院

211 厂 14 车间高凤林班组组长

2022 年 11 月

扫码解锁

◎群英颂歌 ◎师者风范
◎铸魂育人 ◎奋斗底色

## 传主简介

　　尤立增，1965年11月7日出生于河北省黄骅县（现更名为黄骅市），中共党员。现为河北省张家口市第一中学语文教师，河北省特级教师，正高级教师。

　　尤立增于1986年考入河北师范学院，1990年毕业后，任职于河北省黄骅市教育局。自1993年至今，一直任教于河北省张家口市第一中学。

　　1999年，参加省级教学比赛获得第一名。

　　2000年，被评为河北省特级教师，开发"学情核心"阅读教学法，并不断完善，同时荣获"张家口市劳动模范"称号。

　　2001年，当选中国共产党河北省第六次代表大会代表。

　　2002年，主持河北省重点科研课题"'转化教学论'实践的深化与拓展"教改实验，该教改实验取得重大突破和显著成绩。

2004年，获得"河北省先进工作者"称号。

2006年，被评为"全国师德标兵"。

2007年，被授予全国五一劳动奖章。

2016年，再次当选中国共产党河北省第九次代表大会代表，同时入选国家"万人计划"教学名师。

2018年，当选第十三届全国人民代表大会代表。

2019年，成为国家级、省级名师工作室主持人，被授予"全国模范教师"称号。

2020年，被评为"全国先进工作者"，被聘为第十一届国家督学。

尤立增用心教学，先后发表论文百余篇，主持国家级、省级课题多项。

尤立增潜心研究，大胆改革阅读教学，依托"'转化教学论'实践的深化与拓展"教改实验，创立"'学情核心'阅读教学课堂模式"，在实践中摸索总结出高中作文"为生命写作"与"为生存写作"双线并行的训练体系，形成"学情核心"的阅读教学法。他的"学情核心"教学理念已经成为全国较有影响力的语文教学流派。

尤立增积极参加省教育厅组织的"送教下乡"活动。截至2023年底，他已到全省73个县区参加过送培送教，发挥示范引领作用，促进了雕龙铸魂教育事业。

# 目　录

 第一章　薪火相传承家风

扫码解锁

◉群英颂歌 ◉师者风范
◉铸魂育人 ◉奋斗底色

# 在英雄故里出生

那些英雄的故事和神奇的传说，都在他的心底埋下了种子。

河北，是中华民族的发祥地之一。早在五千多年前，中华民族的三大始祖——黄帝、炎帝和蚩尤就在河北这片土地上，由征战逐渐走向融合，共同开创了中华文明史。河北地处华北地区，位于漳河以北，东临渤海，内环京津两大直辖市，省内西为太行山地，北为燕山山地，燕山以北为张北高原，其余地区为河北平原。

在河北平原黑龙港流域的最东端，渤海湾的西岸，有一块平坦的大地。这里河渠纵横，地势低洼平坦，和其他滨海城市无异。

然而，这座滨海小城有它的独特之美。它是一座历史名城，大约七千年前就有人类在这里繁衍生息，古黄河的入海口最早即在此城境内。这片土地上有秦代㽏兮城遗址、武帝台古遗址、郛堤城遗址等历史文化遗迹。它还是一座英雄之城。1945 年，为纪念牺牲在此的原八路军 115 师教导六旅副旅长兼冀鲁边军区副司令员黄骅烈士，这座小城更名为黄骅县。1989 年，黄骅县撤县设市，更名为黄骅市。

黄骅市南 25 公里处，有一个历史悠久的村庄，村北有一条河，名叫淤泥河，是黄河故道，河道建有码头和水闸。公元 1404 年，田、王、姜、刘姓由甘肃兰州迁至此地，分四处立村，1956 年四村合并，因建在大马闸口旁，且李姓人口居多，故取名李马闸口村。

1965 年 11 月 7 日，即农历十月十五，尤立增在这个小村庄出生。他很小的时候，就喜欢听村里的老人"说古"，淤泥河堤、大槐树下是他最喜欢的去处。那些英雄的故事和神奇的传说，都在他的心底埋下了种子。

## 传统文化启蒙

有了钱，尤立增的第一件事就是去镇上买小人儿书。

在尤立增的幼年记忆中，县里的放映队会挨个村放电影。每当放映队来到李马闸口村附近，人们就开始相互告知，"今天放映队在旧城村放电影，还有三天就到咱们村了！"在大人眉飞色舞的言谈中，孩子们高兴得一蹦三尺高，把这个喜讯传遍村子的各个角落。他们扔下书包，跑到街上，大声吆喝："要放电影了，要放电影了！"响亮的吆喝声带着浓浓的喜悦和兴奋，让尤立增幼小的心灵乐开了花。在放映队到来之前，尤立增会偷偷地跟着几个已经上学的大孩子，步行七八里路到邻村看电影。

当放映员熟练地打开机子，将那束灯光投射到银幕上时，尤立增的心里便充满了紧张与好奇。等期待已久的《南征北战》《英雄儿女》等电影在银幕上播放出来时，场内总会爆发出阵阵掌声和叫好声，许久才会安静下来。此时，年幼的尤立增完全沉浸在电影情节里，那些感人至深的画面常常让他泪流满面……

在电影结束后的归家途中，尤立增兴奋地和同伴点评着影片中的人物和精彩情节，仿佛那精彩的电影还没有结束。

尤立增跟着放映队的脚步，一个村接着一个村追影。电影中的那些英雄人物和英雄事迹，总在他心里回荡，让他难以忘怀。

年龄稍长后，尤立增开始了他的读书旅途。他的阅读之旅，是从读小人儿书开始的。

小人儿书，名副其实，只有巴掌大，封面五颜六色，纸张粗糙泛黄，图画黑白勾勒，漫谈中华上下五千年，讲述古今英雄事，是尤立增最爱的书。

每当跟着母亲去赶集时，看到书摊前封面花花绿绿的小人儿书，尤立增都会跟母亲要上几分钱，然后坐在由砖块架起的长条木板上，一本接一本地读。文学佳作、历史典故、英雄传记……生动鲜活的配图、言简意赅的文字、跌宕起伏的情节，在尤立增掌心间缓缓展开，如同一幕幕悲欢离合的大戏，于咫尺间吟唱出人世间的真善美。直到赶集的人散得差不多了，他才依依不舍地离开书摊，跟着母亲回家。

看别人的书不过瘾，能拥有小人儿书才是同伴中最值得骄傲的事。可彼时的孩子们家里普遍贫穷，并没有余钱买小人儿书。于是，尤立增就去街头巷尾捡废铁、捡麻绳，然后卖到收购站换回几个硬币。有时，他还早早起床，到田间地头去摘枸杞卖给生产队，换回一角纸币。有了钱，尤立增的第一件事就是去镇上买小人儿书，《邱少云》《黄继光》《童年》……这些书他白天读不够，晚上熄灯后还躲在被子里打着手电筒继续读。

自己的书看完了，尤立增便拿出来和小伙伴交换，这样大家就都能拥有新的小人儿书了。

就这样，各式各样的小人儿书被尤立增收入囊中，进入他的脑海，落在他的心坎上，成为他学习知识的窗口和文学素养的启蒙。

# 父母言传身教

孩子，没有过不去的火焰山！

在尤立增的成长旅途中，父母的言传身教对他产生了深远的影响。父母不仅教给他做人的道理，更以身作则，树立了良好的榜样。尤立增的父亲是个朴实无华的农民，同时也是村里的能人。村里人家的婚丧嫁娶，他总是热心帮忙，张罗得井井有条。

⊙ 尤立增父母合照

尤立增家中共有姐弟五人，还有年迈的奶奶需要照顾，为了养活一家人，父母都在生产队挣工分。然而，即便如此，家里还是年年缺粮，成为村里的困难户。对于这样艰难的日子，尤立增的父母并未有过抱怨，他们的勤劳和乐观精神，深深影响着孩子们。

在尤立增的记忆中，父亲有一个小烟袋，那是他的心爱之物。黄铜的烟锅，楠木的杆儿，烟嘴尤为特别，青白色的基底上面镶嵌着一片鲜润的翠绿色，看起来很漂亮。听父亲说，这个烟袋是祖上传下来的，翡翠做的烟嘴很值钱。父亲对小烟袋有特殊的情感，即便在生活困难的时候，一个外乡人出 200 元钱想要买下烟嘴，父亲也不舍得卖掉。

此前的尤立增绝没有想到，这个价值不菲的烟嘴，会在他考上大学之后被父亲卖掉。

尤立增家里人口多，平时一家人的日子过得很紧巴，没什么积蓄。尤立增考上大学时，他知道这对他的家庭来说意味着什么。"爸，这书我不念了，我想跟二叔学瓦匠。""浑话！没有出息！念大学，这是多光荣的事。我也没别的想法，就希望你将来做个有用的人才。眼前的难处算什么？孩子，没有过不去的火焰山！"

父母东拼西凑，只凑到 350 元。临行前一天晚上，母亲将一沓钱缝在尤立增贴身的衣兜里，又拿出一沓钱递到他手里。"哪来这么多钱？"母亲说："你爸为了凑够你的学费和生活费，把烟嘴卖了，卖了 120 元钱。你拿着吧。"尤立增扭头一看，父亲的烟袋上果然没有了漂亮的翡翠烟嘴。他哭了，泪水滴落在散发着土腥味的炕席上。"别哭，都是大学生了，也不怕人笑话！"父亲吐出一口烟，脸上的皱纹溢满笑意。

第二天，尤立增坐上前往他乡的长途车。"好好念书，长本事，将来做个有用的人才！"父亲在车窗外不知重复多少次。

尤立增的父母都是普普通通的农民，父亲认识几个字，母亲是文盲。家里八口人，全靠父母种地维持生计。普通农民的言传身教——努力工作和乐观的生活态度，对尤立增产生了深远的影响。这种对工作和家庭的责任感，根植在尤立增心里，深刻影响着他此后的学习和工作。

⊙ 尤立增再现童年劳作情景

# 第二章　柳暗花明又一村

扫码解锁

◎群英颂歌 ◎师者风范
◎铸魂育人 ◎奋斗底色

# 幸运遇良师

别噎着，慢慢吃。

1972 年，7 岁的尤立增背着妈妈用一条毛巾对折缝制的小书包步入小学校门。他拿到崭新的课本，打开第一页，北京天安门和国旗映入眼帘，那鲜艳的颜色让他的眼睛充满光芒。

小学期间，尤立增的成绩一直名列前茅，他也是班里第一个戴上红领巾的学生。红领巾仿佛一团火焰，在他的胸前燃烧。

与两个姐姐相比，尤立增是幸福的。父母去生产队挣工分的时候，家里姐弟五个无人看管，只能由年长的照顾年纪小的。两个姐姐为了照顾弟弟，都推迟了上学。

生活虽苦，但也有温暖的滋养。因为常常饿肚子，尤立增逐渐找到充饥的办法，春天的榆钱儿，夏天的槐花儿，他总是摘一把装在衣兜里。

有一天上课，尤立增实在饿得不行，便偷偷拿了一把榆钱儿放到嘴里，结果被老师罚站。下课后，老师把他叫到办公室。

这位留着短发的女老师，是一位来自天津的知青。老师满脸愠怒地责问道："为什么不好好听课，上课还吃东西？"尤立增嗫嚅着说道："我饿……爸爸妈妈下地干活，姐姐熬的粥，我喝了一碗就来上学，不一会儿就饿了……"

老师的眼里噙着泪，没有说话便出去了。过了一会儿，老师拿了个纸包回来。她打开纸包放在桌上，里面是几块黄澄澄的点心。说是点心，其实就是用玉米面做成的蒸糕，表面有几粒白砂糖。但在一个饥肠辘辘的孩子眼里，这就是珍馐美味了。

老师接了一杯水递给他，"吃吧！"

尤立增哭了，然后狼吞虎咽地吃起点心。

"别噎着，慢慢吃。"老师擦掉他的眼泪和嘴角的点心渣。

点心只剩下三块，老师问："吃饱了吗？怎么不吃了？"

尤立增抬起头问："老师，这几块我能带回家吗？"

"为什么？"

"我的姐姐、弟弟都没有吃过这么好吃的东西。"

尤立增的这番话，让老师再一次红了眼眶。

放学后，老师又给了尤立增一包点心，让他带回家。

那一天，尤立增第一次体会到为师者的善良。那天吃到的点心，那位带给他两包点心的老师，慰藉了他整个童年，影响着他的成长。

几年后，尤立增顺利升入初中。读初一时，他的学习生活出现一点波折。他在骑自行车上学的途中摔断胳膊，不得不休学一年。复学后，尤立增一如既往地用心努力学习。1983年，他考入当地的重点高中——黄骅中学。

⊙ 尤立增初中毕业照

尤立增很幸运，他在黄骅中学遇到许建国老师。那时，许老师刚刚大学毕业，担任尤立增的班主任和语文老师。当许老师讲《琵琶行》时，疏密相间的课堂结构、优美抒情的教学语言、巧妙自然的课堂过渡，都让尤立增难以忘怀；在讲《荷塘月色》时，许老师为帮助学生领会课文中"叶子出水很高，像亭亭的舞女的裙"这一比喻，随手在黑板上画了一片舒展的荷叶，在荷叶上面绘了一个女子的图形，而舒展的荷叶恰恰是"亭亭的舞女的裙"；在班里的联欢会上，许老师配乐朗诵了《我们看海去》，那声情并茂的朗诵把学生带进优美的艺术氛围，让他们久久难以忘怀……在许老师的影响下，尤立增开始在文学的海洋中遨游。他读鲁迅、老舍、巴金、冰心、沈从文，也读高尔基、契诃夫、莎士比亚，甚至开始"啃"《史记》、看《论语》。自此，美、艺术、哲理、价值观，在他的心中扎了根。

幼时遇见的知青老师，价值观形成时期遇见的许建国老师，都对尤立增产生深远的影响。

# 误入藕花深处

在我们那个年代，报考师范院校的很少，因为当老师挣钱少，农村孩子穷怕了。

许建国老师对尤立增的影响很大，他一直帮助尤立增成长。

不管是每一次见面时的促膝长谈，还是每一封信件中的鼓励或批评，都让尤立增获益匪浅。许建国老师经常和尤立增谈人生、谈教书、谈做人，思想的碰撞不断激发出灵感的火花，让尤立增此生难忘。对尤立增而言，许建国老师是他的恩师、兄长、挚友。

在许建国老师的影响下，尤立增尝试学普通话、学朗诵，学着用声音传达作品的思想。他还尝试写诗、写散文、写小说。当自己的作文被当作范文在全班朗读时，当自己的文字变成铅字发表而受到老师表扬时，一个有着作家梦、记者梦的高中生的内心得到极大的满足。

高中时期，尤立增树立了明确的目标——要当一个说真话的记者。一直到填报高考志愿的那一刻，他的梦想都未曾有过动摇。1986 年，尤立增在填写高考志愿时，毫不犹豫地填了北京广播学院（现为中国传媒大学）采编系、河北大学新闻系。

与此同时，尤立增还在"参考志愿"一栏随手写下"河北师范学院（现为河北师范大学）中文系"。然而，尤立增当时并不知道这个"参考志愿"是提前批的，所以很"不幸"，他被提前录取了。

"在我们那个年代，报考师范院校的很少，因为当老师挣钱少，农村孩子穷怕了。"尤立增当初并不想读师范学校，关于原因他的回答坦诚且直接。

没能被自己心仪的专业录取，尤立增的内心确实充满失落。不过没过多久，他就释然了：虽然没有考取新闻专业或主持专业，但能在中文系学习语言文学，也是一种莫大的安慰。而且，对于一个农村孩子来讲，能考上大学已经是一件无比光荣的事情。

就这样，带着没能就读心仪专业的遗憾，尤立增进入河北师范学院，在中文系开启了为期四年的学习生活。

误入中文系的尤立增并未虚度大学时光。大学期间，除了日常的学习，尤立增的"两个坚持"对他后来的职业生涯产生深远的影响。

首先，尤立增坚持练习播音主持。为了练习，他曾经向河北省电台的主持人请教如何吐字发音，又学习相声演员大段大段地背诵"贯口"，学习京剧演员用丹田发声。尤立增很刻苦，利用周末时间苦练。在自习室，他在眼前几十厘米的地方挂起一张白纸，朗读一段以爆破音为主的语段，力求朗读结束后白纸上没有一点

⊙ 大学时期的尤立增

唾沫星子。经过长时间的训练，尤立增的朗诵水平越来越高。他曾多次参加学校和中文系组织的演讲、诗歌朗诵比赛，都荣获一等奖，还在全系上课模拟比赛中取得第二名的佳绩。

其次，尤立增坚持文学创作。他参加"尖尖角文学社""神州诗社"等文学社团，利用课余时间听讲座，参加社团活动。此外，他还与中文系另外三位沧州籍的同学——冯印涛、吴凤翔、胡振江共同组建"沧狮风诗社"。他们坚持创作、刻蜡版、印刷诗刊，到学生宿舍楼挨门送自己油印的诗刊。大学毕业二十年后，四人都已成为行业精英，他们曾聚在一起，共同出版《沧狮风诗选》。

# 执子之手，并肩同行

要不，咱们结婚吧？

1989 年，尤立增遇见比自己小两届的师妹劣雅丽，相处几个月后，他们确立了恋爱关系。

1990 年 7 月，尤立增从河北师范学院毕业，被分配回他的故乡，即河北省的滨海城市黄骅市，先后在教育行政部门、学校和政府部门工作。这时，劣雅丽还在大学读书。

当时的通信条件不发达，他们只能用书信传情达意。两年下来，他们来往的书信装满了整整一纸箱。他们的书信与普通人的情书不一样，在他们书信中卿卿我我的内容很少，更多的是关于文学、人生、教育职业、工作学习等多方面的交流，理性多于激情，探讨多于倾诉。

劣雅丽大学毕业后，被分配到张家口市工作。相恋四年的尤立增和劣雅丽，此时面临着新的困难。尤立增面临着两难的选择：一边是相恋四年的女友，一边是生于斯长于斯的故乡和相对稳定的工作。尤立增想让劣雅丽调到黄骅市工作，但劣雅丽的父母不同意。最后，尤立增决定去张家口市，去劣雅丽工作的地方。

1993年暑假，劣雅丽工作稳定后，尤立增打了个电话给她，对她说："要不，咱们结婚吧？"劣雅丽稍作准备后，便从张家口市赶到了黄骅市。

1993年7月16日，尤立增和劣雅丽到民政局领了结婚证，随后到县城的商场里，一人买了一件衣服作为婚礼时穿的服装。他们按照农村的风俗，在农家小院举行了简单的婚礼，邀请左邻右舍见证他们的幸福时刻。

婚后，尤立增随劣雅丽来到了张家口市。他在市里工作，而妻子在宣化区工作，两人仍然是两地分居。

1998年，妻子劣雅丽终于被调回市里，他们住进单位分配的一间不足十平方米的终年见不到阳光的房子里，第一次拥有了真正意义上属于他们两人的家。

⊙ 尤立增和妻子劣雅丽

扫码解锁

◉群英颂歌 ◉师者风范
◉铸魂育人 ◉奋斗底色

 第三章　小荷才露尖尖角

扫码解锁

◉群英颂歌 ◉师者风范
◉铸魂育人 ◉奋斗底色

## 初为人师糊涂始

越说我不行，我越要做，不仅要做，还要做好。

1993 年，尤立增追随爱情的脚步从河北省黄骅市教育局被调到河北省张家口市第一中学工作，职务是学校办公室干事，兼任一个班的班主任和语文教师。

张家口市第一中学是一所历史悠久、文化底蕴浓厚的省级重点中学。它创建于1915年，建校初名为"察哈尔区立第一中学校"。1956年，更名为"张家口市第一中学"，同年被确立为河北省首批重点高中。

工作之初，因为把主要精力放在写学校工作计划与总结、汇报材料上，尤立增在班级工作和语文教学中投入的精力并不多。同时，初上讲台的尤立增信心满满，总觉得当个语文老师没啥难的，凭自己的口才就能使学生"入吾彀中"。于是，尤立增在课堂上引经据典、谈天说地，给学生上了一节又一节"充满笑声"的课。

有句话说，付出了，未必有回报；但不付出，肯定没有回

⊙ 刚参加工作时的尤立增

报。成为教师的第一学期，尤立增就深刻体会到这句话的含义。正是因为投入不够，尤立增的"回报"来了——在每学期一次的"学生评教"中，尤立增的分数排在全年级末尾。更巧的是，有位教研室的老教师听了尤立增的课后，直接就把他告到了校长室，说他"不懂语文教学，上不好语文课，当不了教师"。因此，尤立增没能跟着这一届学生升入高三。不仅如此，当时担任班主任的他，还被"中场"换下，理由是"不了解学生，无法胜任工作"。

这一切，对尤立增来讲是莫大的挫折。他一向不服输，自然跟自己较起劲儿来："越说我不行，我越要做，不仅要做，还要做好。"尤立增马上辞去了办公室干事的工作，决定一心一意带班上课。他当时的想法很简单，就是带好班、教好课，既证明给别人看，也证明给自己看。

其实，彼时的他嘴上说起来信心十足，心里还是有点发虚。他的想法很坦诚："如果真不是当教师的料，我也别误人子弟，赶紧想办法找其他工作。"

1996年，尤立增再次担任高一年级语文教师，重新走上班主任岗位。幸运的是，在彷徨、自我怀疑的时候，尤立增十分荣幸地成为河北省特级教师周子诚先生的徒弟。这一次，在周子诚的影响下，他带着对教学和教育的新理解，逐渐形成了自己的教学风格和特色。

周子诚老师，是河北省张家口市第一中学语文教师，河北省特级教师，曾获"全国优秀语文教师"称号。他从事中学语文教学工作，致力教改，并多有建树。周子诚老师经常应邀到各地讲学，培养了多名优秀青年教师，被誉为当地语文教学的一面旗帜。

1996 年，尤立增拜周子诚为师，此时的周老师已经 55 岁，荣誉颇丰。尤立增很珍惜自己与周老师的师徒缘分，他谦虚求学，每天都去听周老师的课。

尤立增不放过每一次同周老师交流的机会，一节又一节地听课。他在听课本上记下了周老师说的每一句话，上课时也模仿周老师的言谈举止和课堂风格。尤立增天真地想："有了这样一位好的指导教师，胜任教学工作、得到学生的认可和欢迎，应该不成问题。"可惜，他等到的是又一次学生评价中的较低成绩，是又一次的心灰意冷。

在尤立增感觉自己不是当教师的材料时，周老师的一席话让他重新找到准确的自我定位。周老师说："做一名优秀的语文教师，一要有勤勉的敬业精神，二要有一点灵性。通过我对你的了解，这两者你已经具备。学他人是对的，关键是学他人的什么。你每天都听课，并且模仿我上课，可是，你自己呢？属于你的特点、属于你的个性在哪里呢？模仿他人，至多成为第二个，永远不会成为第一个！"

周老师的话犹如醍醐灌顶，让尤立增在阴云中见到一丝曙光。

⊙ 尤立增（右）与周子诚老师合影

他想："是啊，我的特点、我的个性是什么？为什么我把弥足珍贵的东西丢了呢？"于是，他仍然坚持听课，但更多的是领会周老师课堂中蕴含的教学理念；他一如既往地向周老师请教，但更多的是学习周老师对教育事业的执着，学习他深厚的业务功底和强大的人格魅力。

慢慢地，尤立增感到一扇大门为他敞开了；慢慢地，他体会到教师这份职业的神圣与崇高；慢慢地，学生开始认可并喜欢他的课；慢慢地，他在课堂中感觉到快乐，把上课当作一种享受。

尤立增当教师很"用心"：他负责三个班的语文教学任务，超工作量教学，从不叫苦喊累；每天早上六点多，他早早站在教室门口迎接学生们的到来，晚上十点多，他才拖着疲惫的身子回家；为了提高一个学生的成绩，他一次又一次地家访；当学生的心理出现问题时，他和学生促膝谈心；为了帮助生活困难的学生，他不知多少次掏出自己微薄的工资……

1999年，尤立增所带的班级有50名学生参加高考，其中90%的人考上本科，超过60%的人考上重点大学。这三年过后，尤立增第一次有了从高一到高三完整带班的经历，他也从最初"学生评教"时的年级倒数第三，一跃升到年级第一，这一结果震惊了全校！

⊙ 尤立增自1993年起在张家口市第一中学任教至今

# 为有源头活水来

*原来，我也可以做个好老师。*

尤立增带的第一届学生成绩优异，这不仅让全校震惊，也让他在教研活动中崭露头角。

1997 年，张家口市中学语文教学委员会年会在张家口市第一中学举行。其中有一堂公开课原本是安排另一位老师主讲的，但那位老师在年会前生病住院了，因此，学校临时换上了尤立增。

尤立增讲授的课文是《沁园春·长沙》。这是毛泽东的词作，作者通过对长沙秋景的描绘和对青年时代革命斗争生活的回忆，抒发了革命激情，表达了改变旧中国的豪情壮志。全词风格豪放，意气昂扬，很适合朗诵。

尤立增在读高中时，就热爱朗诵，填报高考志愿时，他把北京广播学院放在第一志愿，如果不是因为填报高考志愿时手误，在提前批填了河北师范学院，他可能已经是播音主持界的一员了。

尤立增想到了自己的朗诵爱好和特长，因此，在授课时除了常规的导入，让学生读、议、赏之外，他还发挥在播音主持方面

⊙ 尤立增在备课

的特长和优势，通过朗诵的方式融入自己对诗歌的独到领悟，并带领学生一起朗诵，让学生领略到"以天下为己任"的伟大胸襟。

此次公开课让尤立增"一炮而红"，他在全市的名气开始"立"起来、"响"起来。

"学然后知不足，教然后知困。""一炮而红"的尤立增并没有骄傲自满，而是继续反思自己的课堂教学。尤立增所感到的"困"，便是觉得自己的文化积淀尚不能满足现代课堂的需要。教师常说的一句话是："要想给学生一杯水，教师必须有一桶水。"在尤立增看来，在教育快速发展的大背景下，"一桶水"已远远不够，况且这"一桶水"还会有用完的时候。所以，尤立增把这句话改为："要想给学生一杯水，教师必须是一眼汨汨滔滔、清澈甘冽的泉水！"而要保证这泉眼的水流丰沛，教师就必须通过阅读增加"水源补给"！

明确这一点后，尤立增沉下心来，开始有计划地阅读。他泡在学校的图书馆，阅读那些他认为应该读、必须读的书。时间过了一天又一天，他的读书卡片也写满一张又一张……

生活的奔波、工作的忙碌，从未影响尤立增对书的痴迷。都市的喧闹、人心的浮躁、金钱的诱惑，他都不为所动，因为他有属于自己的心灵栖息地。

尤立增高中时的老师许建国曾对他说过这样一句话，"一定要多读书，书能养人。"看惯了人来人往，尤立增也逐渐明白这句话的内涵。书籍的"养人"功能是多方面的：它会让受伤的心灵得到抚慰，使"缺钙"的思想变得坚强，让冰冷的血液变得沸腾，使模糊的双眸变得明亮。

读书也有方法，尤立增把自己读书的方法分成三类。

第一类是浏览。需要浏览的书包括各种热点书籍、文学杂志等。读这类书的目的有两个：一是为了了解这些书，了解"流行文化"，便于与学生对话交流。在尤立增看来，指导学生读书，想让学生知道什么是"香花"，什么是"毒草"，教师自己要先了解、先辨析；二是为了了解当代文学的发展方向，保持自己思维的敏锐与灵动。

第二类是研读。需要研读的书籍主要包括各种教育教学理论书籍、与教学有关的文化典籍等。阅读教育教学类书籍，目的是了解教育、教学的发展动态，接受新思想、新理念，保证自己的课堂充满生机和活力。阅读与教材课文有关的文化典籍，是备课的一个重要环节。例如，在讲授《勾践灭吴》时，尤立增就提前阅读《史记·越王勾践世家》，并了解勾践兵败及复国的过

⊙ 尤立增（左）与高中时的班主任许建国老师合影

程，对比《国语》与《史记》语言风格的不同点。这样，当学生在课堂上提出问题时，教师才能旁征博引、游刃有余地解答。

第三类是品读。需要品读的书是自己喜爱的书，尤立增认为读这类书是阅读的最高境界。虽然阅读前两类书对他的语文教学有很大帮助，但只为教育教学而阅读又显得太功利。抛却功利，不卑不亢，才是阅读的最佳境界。在不刻意的品读中，那些美丽的方块字才变得灵动而有生命。

对尤立增来说，最适于阅读的时间是万籁俱静之时。他沏一杯香茗，亮一盏台灯，柔和的光芒在书桌上洒下一片快乐。翻开书卷，那些富有生命力的文字跳跃着先哲的睿智，指引着尤立增走进作者的心灵深处，同他们进行思想碰撞，迸发出灵感的火花。

在书中，尤立增神思飞扬，生活的压力在这飞扬中消散；在书中，他心灵沉静，世俗的浮躁也在这沉静中消失。

读徐志摩的诗，就像躺在茵茵草地上，看天上云卷云舒，内心空明如镜，不染一丝尘埃；读《蒙田随笔》，仿佛置身于森林深处，任林间的清风穿过身体和灵魂；读《史记》，仿佛看到无数鲜活的形象长袂飘飘，舒展着历史的风云；读《忏悔录》，仿佛看到一位哲人拿着时间的刻刀，在历史的岩层中雕刻灵魂。尤立增认为，阅读的感觉就像是初春的一抹绿意、夏日的一阵清风、深秋的一片落叶、严冬的一缕阳光。

而今，面对繁重的工作压力和高考升学的要求，许多教师把阅读的范围限定在教科书、教学参考书、练习册上。尤立增担心，

⊙ 尤立增（左二）在与学生们探讨语文知识

长此以往，教师将失去思考的活力。因此，尤立增号召同事们积极阅读。他认为，不要感叹没有时间看书，而应把看电视的时间、与朋友喝酒打牌的时间用在阅读上，一定会有所收获。因为，对教师，特别是语文教师而言，阅读可以为提升自身业务素质提供最重要的积累。

后来，尤立增也有了自己的徒弟，他经常跟徒弟们说，"要做真正的读书人，丰厚自己的精神世界，提高思想水平，培养品格情操。只有多阅读，才会成为有品位的人，才会成为与时俱进的教师！"

尤立增不仅对徒弟们要求高，他也常告诫自己：读书要追求深度，应深度研读经典专业著作，反复品味、含英咀华、融会贯通，用理论引领实践，用实践丰富理论；同时也要追求广度，选择经典，从更广阔的背景和更超脱的高度来审视语文教学。

# 分明折得一枝春

必须找到一个切入点，一个突破口。

深入阅读和勤于思考的习惯，让尤立增的教学有了更大的进步。

　　1999 年，尤立增代表张家口市参加在唐山举办的河北省高中语文课堂教学大赛。那次大赛限定了高中教材中的几篇经典篇目作为参赛内容，参赛教师需现场抽签决定讲课顺序和讲课篇目。比赛前一天，尤立增抽到的是第一天下午的最后一节课，讲课篇目为《项链》，备课时间只有 24 小时。

　　抽签结束后，尤立增立即开始进行教学设计。《项链》是莫泊桑的短篇代表作，这一作品人物简单，情节明晰，背景环境也不复杂，似乎没有什么可以挖掘的。如果只停留在对小说三要素的分析、鉴赏上，可能会流于简单化、一般化，不仅不能充分展示这篇小说的独特魅力，也难以让这堂课出彩。如何在短短的 45 分钟之内让学生感受到这篇小说的艺术魅力？面面俱到显然不可取，因为面面俱到必然会"面面不到"，每一个方面似乎都涉及了，但其实每一个方面都只是蜻蜓点水，浅尝辄止。

　　"必须找到一个切入点，一个突破口。"尤立增陷入沉思，却迟迟理不出头绪。因为大赛期间处于"封闭状态"，抽签后不能与别人沟通、联系，于是他一遍又一遍地读这篇自己再熟悉不过的课文，几乎都能背下来了。这时，反复出现的"项链"一词跃入他的脑海。是呀，全文悬念迭出、环环相扣的情节不正是围绕"项链"组成的一条精美的项链吗？尤立增的思路逐渐清晰起来，不如就把《项链》组合成"项链"吧，用这样的方式理清小说情节。

　　于是，针对文本梳理，尤立增以"项链"为中心词进行教学设计，要求学生根据情节发展在中心词"项链"前面加一个动词，以此理清情节结构。尤立增把学生加的动词作为"项链"上的一颗颗珍珠，最终组成一条耀眼的"项链"。当黑板上呈现以情节结构组成的"项链"的板书时，整个教室，包括听课的老师都发出一片赞叹。

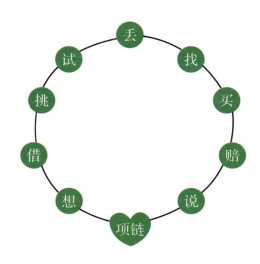

备课时，尤立增也在思考如何将情节与人物联系起来，他一度陷入困惑。依托平时的积累，阅读量颇丰的尤立增在反复阅读小说结尾时，"出人意料"和"合乎情理"这两个词在他脑海中闪现。尤立增顿时有一种豁然开朗的感觉："就是它了！"他信心满满。注意到结尾的"出人意料"很容易，但是很少有人会挖掘过程中的"出人意料"。尤立增捕捉到，正是这许多的"出人意料"，才使得故事悬念迭出，波澜起伏，使小说具有不朽的魅力。

有了这样的想法，在梳理文本的研读环节，尤立增引导学生找出小说情节中的许多"出人意料"。学生的兴趣被调动起来，纷纷在文中寻找，课堂气氛十分活跃。在学生找完全文的"出人意料"后，尤立增提出问题："'出人意料'就是在我们的意料之外，这么多的'出人意料'，会不会让小说变得不合情理呢？"

"不会，十分合情合理。"学生回答。

"合了什么情？合了什么理？"尤立增进一步追问。

在这样的氛围下，答案自然而然地浮现出来——"合了人物性格的情理"。这个研读环节既让学生感受到独具匠心的情节安排，又让学生熟悉了课文，为接下来的人物分析奠定基础。于是情节与人物自然而然地衔接起来，由情节顺利过渡到对人物的分析。这些问题的设置使学生始终紧紧围绕文本去思考，思维活跃而不散漫。

课堂的最后，尤立增抛出最后一个问题："假如玛蒂尔德没有把项链弄丢，会是什么样的结局呢？"

学生的回答各种各样：她可能走进上流社会，因为部长已注意到她；她有了第一次受邀请的经历后，开始被人注意，可能还会再被邀请，然后继续买衣服、买首饰，最后负债累累，结局或许会更悲惨；她最后也可能发达了，说不定连她的丈夫路瓦栽也会被抛弃……

尤立增引导学生总结和反思："她的结局不外乎两种：一是飞黄腾达，进入上流社会，实现自己的'梦想'；二是结局悲惨，穷困潦倒。但是，不管哪种结局，玛蒂尔德都是一个悲剧人物！因为即使她飞黄腾达了，她也丢失了自我。从这个角度看，她即使进入上流社会，也只不过是上流社会的一个玩偶而已！结合莫泊桑的批判现实主义精神分析，本文写作的指向就是造成玛蒂尔德悲剧的法国上流社会。"

这堂课带给尤立增很多启示。在尤立增看来，最重要的一点是：教师本身理解、把握、挖掘教材的能力是一堂课成功的关键。有的老师习惯于照搬教学参考书上的内容，而缺乏对教材的钻研。尤立增没有囿于参考资料，而是反复研读文本，并融入自己独到的见解和领悟，抓住授课文章不同于其他文章的特点，深入挖掘。例如，《项链》这篇文章最大的特点就是"出乎意料，合乎情理"这八个字，他恰恰把握住了这一点。

尤立增课前的用心钻研和精心设计，以及课堂的精彩呈现，让他收获大奖。在这次省级比赛中，他获得了第一名的好成绩。

后来，尤立增陆续参加多次全国性大赛，成为"公开课专业户"。1999 年，尤立增代表河北省参加"全国青年语文教师课堂教学研究会课堂大赛"，他讲授的《沁园春·长沙》获得一等奖。2000 年，尤立增代表河北省参加全国中青年教师"语文报杯"课堂大赛，他讲授的《察今》获得二等奖。因为参赛成绩出色，尤立增多次被邀请担任各项大赛评委。

⊙ 2000年，尤立增参加全国中青年教师"语文报杯"课堂大赛获得二等奖

扫码解锁

◉群英颂歌 ◉师者风范
◉铸魂育人 ◉奋斗底色

# 第四章　稻花香里说丰年

扫码解锁

◉群英颂歌 ◉师者风范
◉铸魂育人 ◉奋斗底色

# 好之者不如乐之者

课堂才是你最正确的选择！

省级比赛和全国大赛的优异成绩，让尤立增更出名了。

2000年，34岁的尤立增被评为河北省特级教师，成为当时河北省最年轻的语文特级教师。接着，诸多的荣誉"砸"到尤立增头上，使他似乎迷失了自我："大学毕业十年，就得到许多老师一辈子梦寐以求的东西，这真实吗？下一步的发展目标是什么？"想到这些，尤立增不禁冷汗涔涔。

成名后的尤立增引起校内外的广泛关注，新的岗位向他抛出橄榄枝，也让他陷入更大的困惑：

是接受学校内部提拔，做教学管理工作？

还是改行从政，调到党政机关？

或是接受京津名校的邀请？

再或者答应南方私立学校年薪几十万元的聘请，以改善经济条件？

还是站稳讲台，坚守课堂，当一名更出色的语文教师？

⊙ 尤立增（左二）在与学生探讨语文知识

夜深人静时，淡淡的灯光下，尤立增为自己沏一杯茶，看着一群褐色的精灵在琥珀色的液体里热烈地跳动，感受着氤氲的水雾将那份苦涩的清香拂过额头。随着茶叶渐渐沉淀下去，尤立增开始反思："恩师周子诚曾说过，我具备成为一名语文名师的潜质。现在取得一点成绩，这并不代表我语文教学能力已经很高，也绝对谈不上绰绰有余。我一定要有自知之明，必须沉下心来，才能走得更远。"

"课堂才是你最正确的选择！"尤立增对自己说。认清了这一点，萦绕在尤立增眼前的迷雾彻底消散了！

尤立增告诫自己，语文教学是一片海，而他就是在海中漂泊的一叶扁舟，只有把握了正确的方向，并具有高超的驾船技术，才不会在这片浩瀚中迷失自我。

于是，在办公室的角落里，尤立增默默地做着自己想做的事。有了相对充裕的时间，他一下子找到自己渴望许久的感觉。备课、评改练笔、批改作业，又成为尤立增生活的常态。他喜欢这种"把冷板凳坐穿"的感觉。也曾有人问尤立增每天都在干些什么，他认真地想了想，回答道："做自己想做的事！"

自己想做的事是什么？尤立增也曾扪心自问。面对着已经教过几遍甚至十几遍的、十分熟悉的教材，似乎不用花很多的心思备课了，似乎可以偷懒了。但他知道，吃透教材是语文教师基本能力的重中之重。语文课堂的高效率以教师的充分备课为基础，譬如根之于枝叶，地基之于大厦。根不深而求枝叶繁茂，地基不实而求大厦坚固，必是天方夜谭。尤立增认识到，如何将熟悉的老课文讲出新意，如何将新课文讲出风采，如何追求真实、鲜活、灵动、高效的课堂，应该是自己努力的方向。

尤立增的心中再次豁然开朗，他暗暗对自己说：把课上得"精致"起来，追求课堂的"精致"！

教学是一门遗憾的艺术，尤立增希望将过去的遗憾弥补回来，这就是追求课堂的"精致"。当然，追求课堂的"精致"，说起来容易，做起来却很难。难在如何深入挖掘文本内涵，形成自己对文本的独特解读，突破原有教学模式的桎梏，不断增加课堂"亮点"。

为了消除自己的惰性，每上完一个学期的课，尤立增都会把自己的教案当作废纸卖掉。有人对此表示不理解，备课下了那么大的功夫，好不容易积累的材料为什么要扔掉？尤立增解释说："有旧教案，再备课时就容易偷懒——直接借鉴旧教案，甚至拿旧教案上课！"尤立增认为，卖了旧教案，就是断了自己的"后路"，就能促使自己每讲一节课，不管是新课文还是旧课文，都会把自己当成学生一样重新读课文。看看没有"参考资料"的自己对文本能理解到什么程度，这也更能接近学生理解到的程度。这样，备课时就能比较准确地把握学生认知的起点，尊重学生的认知能力，真正做到尊重学生。

也是在这段时间，尤立增有了新的身份。2001年，尤立增当选中国共产党河北省第六次代表大会代表。

# 半亩方塘一鉴开

我们在课堂上口若悬河讲的那些内容，学生是不是早已掌握？

尤立增的课越来越"精致"，慕名前来听课的教师也越来越多。但随着时间的推移，尤立增却感到，这一节又一节"精致"课的背后，总是缺少些什么，于是他继续探索着……

有一次在讲授《荷塘月色》时，尤立增让学生谈谈自己的"原始阅读感受"，并提出问题。学生的问题有很多，比如：怎样理解作者"淡淡的哀愁"与"淡淡的喜悦"这两种交织的情感？为什么作者会联想到"江南采莲的旧俗"？怎样理解文中引用《西洲曲》和《采莲赋》的用意……这些问题关涉文本的背景因素、思路结构、思想情感等诸多方面。

个性化的问题也有不少，如"酣眠""小睡"等词语的理解、通感修辞手法的运用等。还有学生提出，"妖童媛女，荡舟心许……兼传羽杯……"中的"羽杯"作何理解？

尤立增虽然多次讲授《荷塘月色》，但从未想过这个问题。后来查阅资料后他才知晓，"羽杯"即"羽觞"，因为其杯型做成鸟的形状而得名。

这些问题引发尤立增更多的思考："我们一直作为教学重点的'这几天心里颇不宁静'这一句背后的原因，为什么没有学生提及？我们想当然地认为学生应该懂的内容，他们真的懂了吗？我们在课堂上口若悬河讲的那些内容，学生是不是早已掌握？"

于是，尤立增提出了"预习作业"这一方法。在教授某一篇文章之前，他会提早一周给学生下发"预习作业"纸，作业内容包括作家作品、字词积累、预习所得、质疑问难四个板块。"作家作品""字词积累"部分由学生借助工具书和参考资料自主总结积累；"预习所得"是学生在其认知能力基础上对文本进行理解的"原始"收获；"质疑问难"是重点板块，即学生在预习时发现的问题——不知不解处见疑，似知似解处有疑，已知已解处生疑——鼓励学生向文本挑战，发现文本的缺陷和不足。

教师通过"预习所得"和"质疑问难"两个板块能准确把握学生的认知起点，并将这个起点作为教师安排教学设计的最重要的参考依据，这也是最重要的"学情"[1]依据。至此，尤立增的"学情核心"阅读教学法开始萌芽。

例如，学生在预习《林黛玉进贾府》时，关于王熙凤、林黛玉和贾宝玉三个人的人物形象，主要提出以下问题：

1. 为什么林黛玉进了贾府后会"步步留心，时时在意"？

---

[1] 学情是指与学生生活、学习相关的因素，包括学生的学习态度、学习基础、学习习惯、学习能力、兴趣爱好、家庭环境、年龄特点、心理特点等各种因素的综合。

2. 当贾母问黛玉念何书时，黛玉答"只刚念了《四书》"，而当宝玉问她时，她为什么改口？

3. 文章为什么对林黛玉的穿戴"竟无一字提及"？

4. 与那些"敛声屏气，恭肃严整"的人们相比，王熙凤为什么显得"放诞无礼"？

5. 作者为什么要浓墨重彩地描写王熙凤的服饰？

6. 贾母称王熙凤为"凤辣子"，文中哪些描写体现了王熙凤的"辣"？

7. 从本文的描写来看，贾宝玉似乎很是不堪，这该如何理解？

8. 黛玉乍见宝玉为什么会一"惊"？

9. 贾宝玉为什么摔玉？

10. 两首《西江月》为何要对贾宝玉进行贬斥？

这些问题并不是学生预习时发现的所有问题，而是筛选出的共性的、有价值的问题。这些问题就是最有价值的"学情"，也是教师进行教学设计的逻辑起点。在掌握"学情"的基础上，教师需要广泛查阅资料，认真备课，写出教案。教案可以是"实操型"的，也可以是"资料型"的。这是"学情核心"的第一个层次。

"学情核心"的第二个层次是课堂流程。在课堂推进过程中，不能仅仅是教师向学生提出一系列问题，让学生解答，而应是教师鼓励学生大胆质疑。在开放的课堂互动中，教师随时可能接受学生的挑战而成为应战者。教师引导学生提出问题、探究分析问题、合作解决问题。这样的课堂，才是以学生发展为中心的课堂，这样的阅读教学才能实现"学情核心"。

基于"学情核心"阅读教学法，教师的教学设计紧紧围绕着学生的"问题"展开，使课堂成了师生共同"解惑"的场所。如此，课堂就减少了盲目性，增强了针对性，减少了随意性，增加了有效性。

尤立增不断思考和改进这种做法，逐渐搭建起"学情核心"阅读教学法的雏形。

尤立增"学情核心"阅读教学法可以这样理解：在课堂中，不仅仅是教师向学生提出一系列问题，让学生解决问题，而应是教师鼓励学生自己提出问题。因为提出问题比解决问题更重要。学生向教师提出问题，便是对教师的挑战。在开放的课堂互动中，教师随时可能因面对学生的挑战而成为应战者。因此，尤立增主张教师要重新定位师生关系，以学生发展为中心。教师应引导学生独立提出问题、探究分析问题、合作解决问题。同时，鼓励学生将"预习作业"中的心得和疑问拿到课堂上交流、沟通。因为，学生的心得和疑问是"原始"的，如同璞玉，需要经过课堂上的"雕琢"才能焕发光彩。这个过程是一个由感性到理性、由粗到精、由浅入深、纠错正误的探究消化的过程，是提高课堂学习效率的有效途径。

在这个过程中，师生之间形成民主平等、和谐融洽、教学相长的合作伙伴关系。教师扮演着组织者、引导者、助学者的角色，起着组织、引导、点拨的作用；学生始终是课堂活动的主体，他们的思维互相启发，思想的火花互相碰撞，互相借鉴方法和智慧，取长补短，实现共同提高。

提出"学情核心"阅读教学法后，尤立增没有停下脚步，他不断完善"学情核心"阅读教学法，并着手构建写作教学的新体系。

## 不畏浮云遮望眼

真没想到，大家都认为没什么可讲的一篇文章，让您变成了一堂如此精彩的课，这是这次培训中我的最大收获！

尤立增不断完善"学情核心"阅读教学法，不断提高课堂效率，让课堂变得越来越"精致"。

但尤立增觉得还不够，他意识到，一节节"精致"的课背后，缺少宏观的把控和高屋建瓴的理论支撑。他更意识到，要想更进一步，不仅要学习理论，更要构建属于自己的教学理论体系。语文教师要在一定的教学理论的指导下设计教学方案，开展教学活动。教学设计是教师最常做的工作，但也最容易出现盲目性，而盲目的教学实践肯定是低水平、低效率的。

"教材无非是个例子。"迷茫之时，叶圣陶先生的这句话给了尤立增灵感。这句话几乎每位语文教师都耳熟能详，谙熟于心，也有不少语文教师在自己的论文中引用过，其中也包括尤立增。怎样才能将教材这个例子利用起来？尤立增虽然也理解叶圣陶先生话语中的丰厚内涵，但真正让他彻悟的，是一次独特的经历，一次有益的尝试。

2002 年，尤立增应邀参加张家口市下辖县城的骨干教师培训。主办单位请他给县级骨干教师准备一场关于语文教师业务素质的讲座，并上一节公开课，上课内容是《在马克思墓前的讲话》。尤立增认真研读教材，精心设计教案，用心准备这堂课。

上课前一晚，尤立增到达活动所在县，谁知却出现一个乌龙：当地的一位青年教师也要上一节公开课，他准备的恰好也是《在马克思墓前的讲话》。这让主办单位很为难。

当地教研室的语文教研员询问尤立增能否换一篇文章，因为那位青年教师精心准备了很长时间。尤立增很通情达理，虽然时间紧迫，但还是接受了换课的提议。但是讲哪一篇文章呢？有位语文教师开玩笑说："这个单元还有一篇《在庆祝北京大学建校一百周年大会上的讲话》，许多老师不知如何入手，您能不能给做个示范？"教研员当即打断那位教师的提议："这篇不好讲！"

尤立增知道，在他任教的学校同样存在这个问题，如果让教师自己选择公开课篇目，可能没有教师会选择这篇文章。在很多人看来，这篇文章可挖掘的文学因素并不多，但尤立增对播音感兴趣，他觉得这是一篇优秀的讲话稿。只要教学重点确定好了，切入点找准了，课堂一定会令人耳目一新。

尤立增稍作思忖，说道："就讲这一篇吧！"大家当时以为尤立增只是随便说说，并没有在意。

晚饭后，尤立增请当地的语文教研员帮忙找些备课的资料，他们很是诧异，这才反应过来尤立增之前并不是随便说说。看着他们眼中的疑虑，尤立增给对方吃了一颗定心丸："放心吧，我不会讲砸的！"

尤立增把自己关在屋里，反复阅读《在庆祝北京大学建校一百周年大会上的讲话》，试图进入情境。他想了几个思路，但又感觉缺乏新意，都被自己否定了。忽然，教学参考书上关于这篇文章语言特点的一段文字引起了尤立增的注意，其中"语言得体"几个字让他豁然开朗："本文是一篇讲话稿，讲话稿当然需要'语言得体'。"

突破口找到了！尤立增又上网搜索到一篇相似的讲话稿——《江泽民在庆祝北京师范大学建校一百周年大会上的讲话》。他发现这两篇讲话稿，都是在大学讲演的，具有可比性。"比较阅读！"尤立增差点叫出声来。通过"比较阅读，聚焦语言得体"这一特点，他终于理出一个清晰的头绪！

第二天上课，尤立增先是把学生带入北京大学这一具体情境之中，让他们对北大悠久光荣的历史和丰厚的文化底蕴产生兴趣。学生果然被这一段关于北大光荣历史的介绍深深打动，这为整堂课的顺利进行奠定了基础。

接着，尤立增又抓住这篇文章的文体——讲话稿的特点，引导学生将《在庆祝北京大学建校一百周年大会上的讲话》和《江泽民在庆祝北京师范大学建校一百周年大会上的讲话》进行对比阅读。

他先让学生找出两篇文章的相同点，学生很快就找到了。有个学生说："我觉得两篇文章差不多，思路、结构基本相同。"尤立增说："这位同学的说法有一定的道理，因为这两篇文章的文体相同，都是讲话稿，所以思路、结构相似；但又不完全正确，如果真是这样的话，那么在座的各位都能成为领袖的秘书了。"

学生被逗笑了，尤立增继续问："两篇文章的不同点是什么？"学生分组讨论这个问题，讨论结束后由一位代表总结发言。大家找出了许多不同之处：讲话的背景不同、场合不同、对象不同、要表达的目的不同，所以提出的要求不同、感情态度不同，语言风格也有所不同。

尤立增追问道："为什么会有这些不同呢？"这个问题已经触及了本文的关键——语言得体。这是高中语言训练的一个基本要求，也是高考考点之一。

在尤立增的启发下，学生明白了"要根据说话目的、对象、场合的不同做到语言得体"的道理。随后，尤立增引出课堂语言训练环节：模拟场景，把一个故事分别在课间讲给学生听和在办公室讲给教师听。这个环节与尤立增本堂课的教学重点一致。

整堂课中，学生在尤立增的引导下认真思索，丝毫没有产生厌倦情绪，反而兴趣盎然。他们不仅感受到了北京大学的历史文化底蕴，还很好地领会了文章《在庆祝北京大学建校一百周年大会上的讲话》的特点，并模拟了讲话场景。

这节课结束后，在场的教师和全班学生都站了起来，热烈地为尤立增鼓掌。一位教师握着尤立增的手说："真没想到，大家都认为没什么可讲的一篇文章，让您变成一堂如此精彩的课，这是这次培训中我最大的收获！"

一次无意的巧合、一句无意的玩笑成就一次有益的尝试。尤立增不禁想到，语文教学是不是一座挖不尽的宝藏，关键要看教师是不是一个好的淘金者。

这堂课也让尤立增实现自我突破，他既把一篇过去通常只做常规阅读的文章讲出新意，也改变了自己过去的一些模糊认识，从而明白了"教材无非是个例子"的深刻内涵。

一段时间后，尤立增重新审视这堂"精致"的课，反思如何提高教学实践的效率。

首先是设计教案、组织教学一定要精心。每堂课要确立怎样的教学任务和目标，采用什么样的教学方法和步骤，需要几个教学环节，步骤与步骤、环节与环节之间如何过渡衔接，板书如何设计，向学生提出什么问题，用什么样的语言提出问题，在什么时机提出问题等，这些设计都需要精心再精心，不能有丝毫的马虎。

这些问题都准备充分，还有个课堂实践的问题。在课堂上应该将知识运用自如，做到随机应变。要把教师的主导作用和学生的主体作用有机地结合起来，切忌刻板教条、牵着学生鼻子走或生硬地灌输知识。

也是在这一年，尤立增被任命为河北省重点科研课题"'转化教学论'实践的深化与拓展"教改实验的带头人。

"转化教学论"是周子诚老师倾尽毕生心血创立的教学理论。"转化教学论"认为：语文教学的核心重在"转化"。"转化率"是指语文知识、语文能力、与语文相关的人文素养转化为学生自身语文素质的比率。这是提高语文教学质量、全面增强学生语文素质的核心。周子诚老师退休后，尤立增继续高擎大旗，不断丰富和发展着"转化教学论"。

尤立增对"转化教学论"的丰富和发展，是通过"三步六环节"的教学模式实现的。

第一步包括"发现、摘取"两个环节。这是内化的起点。发现，是让学生自己去发现；摘取，是让学生自己去摘取，教师不能有丝毫的包办代替。

第二步包含"研讨、消化"两个环节。这是内化的关键步骤。发现、摘取的东西往往是感性的、粗浅的。要实现由感性到理性、由粗到精、由浅入深、纠错正误，还必须经历一个探究消化的过程。教师应把探究消化的权利交给学生，可采取小组交流、全班探讨的方式，组织指导学生尽可能地自主完成理解消化的过程。

第三步包括"应用、创造"两个环节。这是一个外化的过程。这个过程旨在引导学生将上一次阅读的内化成果应用于下一篇、下一单元以及课外阅读中。每一次阅读，都力求发现的质量更高

⊙ 尤立增开展"转化教学论"相关讲座

一点，理解的程度更深一点，生疑解疑的本领更大一点，内化的成果更多一点，使丰富人文背景、熟练语言技能技巧的进程呈现加速发展的态势，从而形成阅读教学的良性循环。

"'转化教学论'实践的深化与拓展"教改实验不仅让尤立增的教学水平迈上了一个新台阶，也让他收获了更多荣誉与成果。

# 勤耕致丰饶

全部优秀，其中最高成绩获得者列全校第一！

尤立增将"转化教学论"广泛应用于教学的各个方面，尤其在令很多教师头疼的写作教学中。尤立增认为，写作也是一个转化的过程，写作能力只能在不断的写作实践中得到提高。因此，强化练笔实践是提高写作能力的根本途径。

为了将语文写作能力转化为学生自身的写作素质，尤立增对学生提出以下要求：每人准备一个练笔本，每周写作两至三篇练笔文章。内容以生活杂感为主，要求实话实说；篇幅可长可短，既可以是一篇完整的文章，也可以是一段精练的感悟，还可以是几句生活格言；体裁不限，可以创作诗歌、小说等。

同时，尤立增引导学生用自己的眼睛去观察生活，用自己的头脑去思考问题，不断地积累、深化生活体验和感悟，最大限度地将这些体验和感悟进行内化，并以此为凭借，进一步认识社会、认识生活，使自己的文章来自生活、发诸真情、充满个性，实现作文与做人同步发展。这种改革，使学生的写作素养得到了真正意义上的提升。

为助力学生的写作训练，也为了将更多的语文知识、语文能力、与语文相关的人文素养转化为学生自身的语文素质，进而全面提高学生的语文水平，尤立增还将对联教学引入课堂：他介绍对联知识，激发学生的学习兴趣；给出上联，要求学生对出下联，加强基本功训练；鼓励学生自选生活题材，自创对联；引导学生用对联形式概括课文内容，评价赏析作品。在此基础上，对联创作可向课外延伸，中外名著、影视作品、天下大事、身边生活、街谈巷议，皆可入对。学生不仅学到了对联知识，还提升了创作精美且富有哲理的对联的能力，同时为自己的作文写作引出话题、提供线索、充当论据，进而使他们的遣词造句更为严谨充实，为文章增添文采。久而久之，学生在写作文的过程中慢慢养成了炼字炼句和化用古诗词意境的习惯。

培养学生的语文素质，除了将理论运用到各个方面，还需要遵循"转化教学论"中所强调的"实践性原则"，采取循序渐进、科学合理的训练方法，进行长期而艰苦的语言实践和积累。

为此，尤立增把"课前五分钟演讲"引入语文教学。这种做法，既是综合训练口头表达、审题、构思、选材、思维等能力的有效方式，也是综合学习自然科学、社会科学乃至生活常识的过程。"课前五分钟演讲"的全过程，就是一个高效的知能转化过程。

在"'转化教学论'实践的深化与拓展"教改实验中，尤立增的作文教学取得了越来越多的成就。"转化教学论"实践的深化与拓展，彻底改变了语文教学面貌，收获了多方面的成果。

首先，激发了学生学习语文的兴趣，学生对语文课的评价空前提高。在尤立增成为省重点科研课题"'转化教学论'实践的深化与拓展"教改实验的带头人之前，张家口市第一中学实行教学评估制度已有十年之久，各班对语文教师的评价历来平平，在各科教师当中处后进之位。然而，自开展课题研究以来，学生对语文教师的评价逐年提高，特别是在课题正式立项后，学生对语文教师的评价跃居全校领先地位。以2002—2003学年第二学期为例，当时参与课题的高二和高三年级的四位教师，获得的学生评价结果全部为优秀，均处年级前五名，其中成绩最高者位列全校第一。这说明，"转化教学论"的研究与实践得到了学生的广泛认可和高度欢迎。

其次，学生的读写能力得到迅速提高。在阅读方面，预习习惯的养成，使学生的阅读速度加快、发现能力提高；在教学方面，研讨程度加深，课堂容量加大，教学节奏加快，学生甚至能就一篇文章的某个问题展开具有学术意味的辩论；在写作方面，学生作文中的体验、感悟均来自生活，他们所抒发的感情既自然又真挚，且写作速度加快（一般在一节课内能完成七八百字的习作），质量提高，优秀作文和对联层出不穷。

再次，课题实验班级的考试成绩体现出明显优势。正式立项之前，实验班高考成绩已取得历史性突破。2004 年，实验班教师赵国民执教的班级平均分为 111.79，在学校历史上第一次突破 110 分大关。实验班教师王塞北是一位刚毕业的新教师，他执教的班级分别取得平均分 110.29 和 107.78 的好成绩。三个班的平均成绩为 109，比其他班级的总体平均成绩 106.93 高出 2.07 分，与省内一流学校持平，跻身本省先进行列。

接着，促进教学相长，教师素质明显提高。"转化教学论"的实践把教师置于鲜活动态的语文教学环境中，置于学生的质疑与督促之下，从而促进了教师素质的全面提高。教师的思想观念发生大转变，人文素质得到大提高，教学功底经历了大磨炼。先进的、符合时代需要的人才观、教育观、教学观逐步确立，教师的角色发生了转变。由带学者变为助学者；由只关注怎么教转变为关注学生怎么学；由只从教材出发转变为首先从学情出发；由只从主观愿望出发转变为遵循学习规律；由重结论的填鸭式教学转变为重过程的启发式教学；由只重形式上的过程步骤转变为强化过程中的转化机制。在充分尊重学生主体地位的前提下，教师应积极创造各种条件，帮助学生最大限度地提高学习转化率。教师再也不能当参考书的搬运工，而应充分"下水"，真正开展阅读写作实践，丰富自己的学识，提高自己的能力，做到听说读写样样拿得起、做得来，才能答疑解难，引导点拨，随机应变，真正成为学生语文学习道路上的引路人。

最后，课题产生了一定影响力。课题主持人尤立增曾多次在省内外做报告，报告内容直接关涉"转化教学论"。在语文核心期刊《语文教学通讯》《中学语文教学参考》发表的有关"转化教学论"的论文，引起了一些研究者和语文教师的重视。全国十几个省区的语文教师与课题主持人取得联系，想要在相应学校推广实施"转化教学论"。课题组成员教师的成长也非常迅速，赵国民老师在全国课堂教学大赛中获一等奖，后被评为河北省骨干教师、特级教师；陈剑铃老师成长为教育教学能手；王塞北老师虽刚毕业，但其论文连续获得全国中语会年会论文评比一等奖，他执教的录像课《人生的境界》也获得了全国中语会优质录像课评比一等奖。

# 一片冰心在玉壶

老师，我终于明白您为什么带我们到这里来了。

"'转化教学论'实践的深化与拓展"教改实验也促使尤立增和其他师生走出学校，到其他学校观摩学习。

"转化教学论"强调，学生内化的起点是发现、摘取。发现，是让学生自己去发现；摘取，是让学生自己去摘取，教师不能有丝毫的包办代替。空洞的说教难以在学生的头脑中留下深刻印象，而让他们去看、去听、去想，引导他们走进真实的生活，往往会达到意想不到的教育效果。通过这种方式，尤立增潜移默化地影响、熏陶学生，寓思想教育于语文教学的全过程，实现了课内与课外、教学与育人的有机结合，让学生受益终身。这既是人格的魅力，也是人格的效用。

张家口市第一中学设有劳动值周课程，要求各班每学期安排一次社会实践活动。2002 年，借此机会，尤立增带领他的学生走进了一所山区小学。

经过几个小时的颠簸，车才停下来。小村的房子像是几块从山顶滚落的大石头，错落有致地藏在大山的褶皱里。小村人口不多，只有十几户人家。学校就坐落在村头，一至六年级共有三十几名学生，由三位教师负责教学。

面色黝黑、走路略显跛态的老校长领着全校教师和学生，迎接尤立增一行人的到来。看着眼前的山里孩子，目光中满是新奇，尤立增的学生——刚才还在喧闹的都市中的孩子们，此刻都安静了下来。走进学校，大家发现小院子被打扫得干干净净，用石子铺成美丽花纹的甬道上湿润润的。院子中间竖着一根由杨木制成的旗杆，鲜艳的五星红旗正迎风飘扬，旗杆周围种着些不知名的花草。学校共有四间用石头砌成的房子，一间是教师办公室，另外三间是教室。

老校长六十多岁了，他教了一辈子书，至今还没退休。另外两位女教师都是二十出头的样子，她们是初中毕业后回村教书的代课教师，每月工资只有 150 元钱。老校长简单地介绍了学校的情况后，尤立增便带着学生进班听课。

尤立增随着老校长走进那间简陋的办公室，里面摆放着三张桌子和三把椅子，墙上贴着教学进度表等各种表格。老校长给尤立增倒了一杯水，随后同尤立增聊了起来。"咱这村子太偏远，分来的科班毕业生在这里待不住，都调走了。可娃们得念书啊！因此，教学都是复式班上课，两个年级共用一个教室，一个老师教两个年级，所有的科目全得教。"说着，老校长拿出了多年来学生在乡里比赛中获得的奖状，说："孩子们有书念，又能在乡里取得好名次，我真的高兴啊。"老校长看到尤立增注视着他的脚，补充道："那年上山送一个孩子回家，赶上下雨，我滑进沟里，跌断了腿。"他说得如此平静，似乎在讲别人的故事。

中午放学后，尤立增把自己的学生集合起来，让他们带上捎来的面包、蛋糕、火腿、饮料，跟村里的孩子回家，一起吃一顿农家饭，同时也分享自己带的午饭。尤立增则和老校长一起回了他家。老校长的家离学校很近，家里只有八十多岁的老母亲。他们简单地吃了顿饭，饭后尤立增悄悄把 50 元钱压在茶碗下面，然后离开了校长的家。

下午，尤立增一行人坐车返回时，老校长领着村里的孩子们送出了好远。

车上，学生们望着起伏的山峦，望着越来越远的藏在大山深处的小村，眼眶湿润。一个女生悄声对尤立增说："老师，我终于明白您为什么带我们到这里来了。"尤立增点点头，目光没有离开窗外起伏的山峦。

第二天，尤立增从学生的练笔本中，看到了一颗颗善良的心。

"过去，我只是在电影或电视中看到农村孩子的学习、生活情况，总感觉那是艺术加工。今天，我终于明白该如何珍惜我们现在所拥有的一切。我也意识到做人应该有一种责任感，不是为了小我，而是为了国家和民族。"

"今天回家后，我就同父母谈起我见到的一切。我决定，从现在开始，每月省出30元的零花钱，寄给那个叫木根的孩子。"

"当我看到他们用三个指头捏着铅笔头写字时，我却把刚用了一半的笔记本随手扔掉了；当他们为了省电直到天黑才拉亮一盏15瓦的电灯时，我却坐在明亮的教室里让金子般的时光像流水一样逝去。幸好，我明白得还不算晚！"

在当天的日记中，尤立增写道："看着默默在小山村里耕耘着的我的同行们，我明白了支撑我们基础教育躯体的脊梁是什么；看着身居深山却仍在努力学习的孩子们，我明白了自己的责任所在。今天，我和同学们同样受到了一次极好的教育。因为，我们走进了大山，走近了最为真实的生命！"

学生亲身体验、亲自发现和摘取，让他们的写作有了灵感和思想，也给他们的成长注入了丰富的情感和正确的价值观。这次外出实践活动，让尤立增更坚定自己教改实验的初心和方向，也让他更明确自己作为特级教师的责任。

# 吾日三省吾身

我是个合格的特级教师吗？

评上特级教师，并主持省级重点科研课题教改实验后，声名在外的尤立增也因此承担了更多的社会责任。

2004 年，尤立增作为评委参加河北省特级教师的推荐、评选和考察工作，这次经历给尤立增带来不少收获和思考。在阅读评选标准时，他看着严格的要求，一个念头萦绕心间，挥之不去："我是个合格的特级教师吗？"

虽然已是特级教师，但尤立增并不确定特级教师在他人心目中的印象，他不知道别人会以什么标准来要求特级教师。那些已经评上的和准备参评特级教师的教师，是否真正思考过这样的问题：特级教师应该是什么样的教师？特级教师"特"在何处？尤立增开始思考这个问题。

特级教师是国家为了表彰特别优秀的中小学教师而特设的荣誉称号。特级教师有三条标准：师德的表率、育人的模范、教学的专家。那么，特级教师究竟"特"在何处？尤立增认为，特级教师要对基础教育研究进行深度投入，注重前沿探究，保持教育教学理念、指导思想与时俱进，有崇高的教育理想，热爱教育，在教育教学技能的掌握方面成为当地的权威。最重要的是，特级教师要有特别的人格力量。与大学教授相比，中小学教师在学术性研究方面或有不足，但由于中小学教师的教学水平主要以学生素质为衡量标准，所以能否通过高尚的人格感染和影响学生是特级教师评审中重点考虑的因素。

正因如此，尤立增认为，特级教师评审中应该参考学生评价这一要素。

学生评价并不是一个新鲜词。每个学期，尤立增所任教的学校都要按照常规对各位教师进行教学评估，其中最重要的一条就是学生给教师打分。尤立增在张家口市第一中学工作十余年，多次接受学生的"评价"打分。如果把这些年的学生评价分数连成一条线，这条线大概呈现出从低到高的爬升趋势，这和尤立增对语文教学的理解和投入是一致的。从学生评价不太满意的教师到十分满意的教师，这期间尤立增走过了一条艰辛的道路。

尤立增说，他其实很在意学生的评价。他曾私下对徒弟说过："我并不十分在意领导对我的评价，但我特别在意学生和家长对我的评价，因为我'服务'的对象就是学生，他们的满意才是对我最大的认可！"因此，每当学生评价结果反馈到尤立增手中时，他都要逐条对比，看看哪一项得分低，根据结果反思自己在教学中存在的问题，并在以后的教学中努力改正。

想到这，尤立增想起两位领导和他们的教导。

刘铁成校长是尤立增的老领导，也是他敬重的长辈。刘校长曾对他说："立增，一名真正优秀的教师，不单单看他所带班级学生的高考成绩，更要看他的为人。看你当老师的时候做的每一件事，是否会对学生有长远的影响？若干年后，你的学生走上了不同的工作岗位，当他们回忆起高中语文老师的时候，是否还记得你的名字？你的一些话，是否对他们的做人做事产生了积极的影响？"这些年来，尤立增一直记得刘铁成校长的嘱咐，并一直以此为标准常常反躬自问："我是一个让学生满意的老师吗？"尤立增时常这样提醒自己：把路走稳，把路走实！

牛学军是尤立增所在学校的现任校长，他也是特级教师。他们之间一次次的倾心畅谈，使尤立增受益匪浅。牛校长的一些看法对尤立增影响深远，他们交流更多的是怎样成为一个优秀的特级教师。在牛学军校长提出的标准下，尤立增对自己的要求也更严了。

尤立增认为，在特级教师的三条标准中，"师德的表率、育人的模范"姑且不论，就"教学的专家"而言，他觉得自己需要走的路还很长。

也许有人会说："不抓高考，学校怎么生存？如果高考题都讲不好，连合格的教师都不算，又怎么能成为特级教师？"

尤立增不否认这话有一定道理，但是，他更坚定地提出疑问："如果语文教师只把教师的职责定位在这个层面上，那么鲜活的语文课堂从哪里来？那些应试的技巧能等同于学生的语文素养吗？"

在尤立增看来，一个从事人文教育的人忽视了"人"，实在是一件可怕的事。他从不怀疑语文教师的敬业精神和业务水平，他怀疑的是语文教师是否具备一种超越职业本身的反省精神。

"当面对许多学生不喜欢语文课和语文教材（但绝不是不喜欢语文）时，当社会各媒体潮水般批评语文教育时，我们身为语文特级教师，是否应当亮出肩膀，勇敢地担当责任？"尤立增想起语文特级教师韩军的话，希望这番话能引起每一位特级教师的深思。

想到这些，尤立增扪心自问："担着特级教师的虚名，我思考这些问题了吗？"

由于应试压力过重，编题、做题、阅卷、传授应试技法，占据了语文教师的大量时间。语文教师是否应该更多地关注学生的精神世界？是否应该更多地关注语文课堂的灵性与诗情？

这次特级教师的评审经历，让尤立增深刻反思了自己作为语文特级教师的责任。往后的岁月里，每当想到"特级教师"的称号，尤立增就用上述问题提醒自己，促使自己成为一名更优秀的语文教师——关注高考应试的同时，更关注学生做人，关注学生的心理健康；在教学之外，工作之余，坐下来认真地读一些滋养精神的书，让自己的精神品位提升一些，让自己的文化视野开阔一些，让自己的心变得敏感一些，让自己的爱广博一些，让自己的思维变得灵动一些。

尤立增很庆幸自己能做以上思考——这证明他的心还是热的！

热血洒在实践之旅，尤立增的付出也收获了很多回应。2004年，他被评为"河北省先进工作者"。2006年，他获得"全国师德标兵"荣誉称号。2007年，他获得"全国五一劳动奖章"。

## 吹尽狂沙始到金

这项事业苦得其所，乐得其所，苦中有乐，其乐无穷。

尤立增要求自己时刻关注学生的发展，一直把学生放在首位。他确实也是这样做的。

早在 2000 年，尤立增便结合教学实践和思考，开始探究以学情为核心的阅读教学法。2002 年，尤立增主持河北省重点科研课题"'转化教学论'实践的深化与拓展"教改实验。2003 年，教育部正式颁发《普通高中语文课程标准（实验）》，这更坚定了尤立增课改实验的步伐，坚定了尤立增以学生学情为课堂中心的思想。

在"'转化教学论'实践的深化与拓展"教改实验中，尤立增成功地将"转化教学论"应用在阅读教学和写作教学的各个方面，成绩斐然，其中阅读教学的转化过程也实现了以学情为核心。那么，高中写作教学真实的学情是什么？如何针对作文的真实学情对高中的作文教学进行改革呢？尤立增又开始探索。

其实，这次探索在几年前就开始了。2002 年，尤立增任教高一年级，第一次作文课的题目是《河边漫步》。尤立增收上作文后看到的第一篇文章是这样的：

河边漫步，从水面飘过一个峨冠博带的老者，他身材高大却看似弱不禁风，手里端着一杯酒，杯中酒倒映的是寂寞的表情，还有颗颗的泪滴。"长太息以掩涕兮，哀民生之多艰！"穿过世事浮华，走过凄凉无奈，跨过沧海桑田，他跨越千年而来……我按捺不住心中的疑惑，径直走到他的跟前，望着他那历尽沧桑的脸庞："你已经被昏庸的怀王放逐汉北，你爱这个国家，国家爱你吗？"他的笑有些僵硬："小人的谗言、君王的昏庸不能浇灭我的理想之火！"我知道昨日不可留，一个王朝的背影在他朦胧的醉酒中逝去。

读完这篇作文，尤立增完全被震撼了，文章富有表现力的语言和丰富的想象力让人拍案叫绝。

但看完全班的作文后，尤立增却陷入巨大的担忧之中。全班五十多人，有三分之二的学生在"河边漫步"看到了屈原、李白、杜甫……

为深入了解情况，他找到了几个学生进行交流，获取了这样的信息：为了应对中考，语文老师让他们每个人准备了十几段抒情色彩浓郁的文字，每段文字关涉一位古人。语文老师还要求他们把这些文字背下来，根据每次考试的作文题目，从自己积累的十几段文字中挑选出与主题契合的三段，把这三段文字作为作文的主体展开写作，配上一个排比句的开头和升华感情的结尾，再加题记和后记，就构成了一篇能在中考中得高分的"文化散文"。

尤立增问："你们读过《屈原列传》《离骚》《涉江》吗？"学生答道："没有！"

尤立增意识到，这大概就是高中学生真实的作文学情。他陷入了深思，不禁发出感慨：我们一直提倡"以我手写我心"的自由表达，提倡"独抒性灵"的鲜活文字，可真实的作文学情却让人无奈……

尤立增很快分析出问题的症结所在。真实的作文学情表现为学生写作心理的固化和写作思维的僵化。许多学生生活空间狭窄，没有时间接触社会，或者说他们根本不关心社会，视野不宽，思路单一，其作文文辞贫乏，内容干瘪；他们平时缺少练笔，不动笔不利于语言思维的形成和表达能力的培养；因为阅读量不定，他们缺少必要的写作素材储备；教师布置作文随意性大，导致学生难以形成有效的作文思维体系；教师作文批改周期长、批语套路化，作文讲评缺少针对性。这一切造成了学生作文思想贫乏、语言干瘪、缺少新意，"伪文化散文""伪圣化写作"盛行。

真实的作文学情促使尤立增对写作教学的本质进行了更深入

的思考。他认为，写作教学，必须从"学"出发，从写作规律出发，进而转化为学生自身的写作能力，这是学习的一条根本规律。无论学什么，从不知到知、从不会到会、从低能到高能，都是一个转化过程，写作文也不例外。在尤立增"'转化教学论'实践的深化与拓展"教改实验中，这个转化过程由内化和外化两个基本阶段构成。

经过实践探索和理论研究，尤立增大胆改革高中的作文教学，创造性地提出了"以学情为核心的'为生命写作'与'为生存写作'相结合的高中作文训练体系"。

"为生命写作"，意味着写作是一种生命的表达。在内容向度上以学生真实的生活实践为载体；在情感向度上以表达真实的生命感受为关键；在表达向度上以"以我手写我心"的自由写作状态为纽带。这一理念旨在让写作成为学生生命存在的一种形态，成为学生不断满足和提升生命价值的需要。其主要的形式就是延续"转化教学论"的自由练笔方式，并加以改革。

为鼓励学生"为生命写作"，尤立增把课外练笔作为学生写作的主战场。规定学生每周至少完成三篇练笔，每篇 300 字至 500字，要求在 30 分钟内完成。每人一本练笔本，给练笔本取一个表达自己心志的名字，作为三年高中生活的记录。这样，每人一年的写作文字量为 4 万字左右，三年的写作文字量为 12 万字左右。练笔内容要取材于日常生活，如身边人、身边事、亲身经历、耳闻目睹、同学交往、师生关系、邻里往来、街谈巷议，都可入文。

即使是热点话题、国家大事、世界风云，也要从身边人、身边事的角度写，力避假大空。鼓励学生从不断变化发展的社会生活中，从周围的人和事中发现与积累素材，从教材中挖掘练笔素材，从广泛的阅读中积累素材，完成读写链接。

"为生存写作"，就是各个学段以升学为目的而进行的写作。高考作文是不自由状态下的写作，作文教学要考虑适应这种"主观命题，主观阅卷"的特殊性。因此，"为生存写作"是高中作文教学必须面对的问题。

在尤立增看来，"为生存写作"是有规律、有方法可循的。

高一为记叙文、散文写作体系。高一写作体系主要抓住记叙文、散文的文体特征训练。经过一年的写作，学生能够准确把握相关文体的写作规律，熟练地掌握记叙文、散文的写作技巧。

高二写作体系的重点是议论文。训练内容按照文体特征、结构模式、论证方法、综合运用四个层次展开训练。因为百分之八九十的学生在高考时会选择写议论文，所以高二年级的写作体系围绕议论文的各种要素展开，这也是高中"为生存写作"训练的重点。

高三则是高考作文训练体系。高三写作体系的重点是考场作文的应试技巧。第一学期根据材料的不同性质，训练学生如何审题立意，布局谋篇。第二学期按照高考作文评分标准切分，以专题的形式对学生进行针对性训练。

"为生存写作"训练体系包含指导课、讲评课、升格（修改）

课三种基本课型。每次训练都要让学生树立审题意识、文体意识、成品意识和升格意识。也就是说，学生要珍惜每一次写作，每次必完成一篇完整的应试作文。每篇作文既要贯彻综合训练的精神，又要突出训练重点，以确保每个"成品"的质量，力争达到事半功倍之效。

"为生命写作"与"为生存写作"这两种写作方式，从写作心理、写作行为、写作技巧，还有读者的选择、人们对文章的阅读期待以及社会效果来看，都有所不同。同样，针对不同写作方式的写作教学，也应有所区别，包括教学目的、教学内容、教学方法、评价标准等。理想和现实之间的矛盾是客观存在的，"为生命写作"与"为生存写作"之间确实存在矛盾，尤立增正努力在这两种写作方式之间寻找一个"平衡点"。他构建"为生命写作"与"为生存写作"双线并行训练体系的目的也是寻求这个"平衡点"。

"为生命写作"与"为生存写作"均遵循写作规律。"为生命写作"的课外练笔就是遵循写作规律的体现，先是提高学生的写作兴趣，进而拓宽写作的空间，激活学生的才思。学生训练有素，自然会"以不变应万变"，"不变"的是经过自由练笔之后提升的写作能力，"万变"则是高考作文的命题。

"为生命写作"奠定了"为生存写作"的基础。"为生命写作"能够发挥学生对自身的教育功能，不仅有助于提高学生的语文素养，更可贵的是能够提高学生的人文素养与自身的"非智力素质"。这与高考作文的选拔功能一致，也与高等院校选拔人才的标准一致。

　　"为生存写作"激发学生"为生命写作"的兴趣，也是对"为生命写作"成果的检验。从学生终身发展的角度来看，"为生命写作"的长期目标也许在短时间内无法实现，但可以从平常考试的作文中检验出来，这是"为生命写作"的短期目标。平常考试的作文是"为生存写作"，其分数具有检验的权威性。因此，高考作文取得好成绩，就是对"为生命写作"训练的短期目标的最佳验证。当学生有了写作兴趣，其写作热情就会被激发并付诸行动，有了量的积累，写作能力就会发生质的变化。

　　尤立增坚持"学情核心"的作文教学改革，这促进了学生写作能力的提高。学生不再觉得作文没内容可写，开始对作文产生兴趣，普遍喜欢上作文课。通过平时教学中（特别是在作文研究课上）学生的反馈情况以及学生的日记、作文等，尤立增看到了学生取得的明显进步。

　　"学情核心"指导下的作文教学提升对学生的写作能力起到了积极的促进作用，不仅帮助学生养成良好的写作习惯，还提高了学生的评价能力和鉴赏能力。"学情核心"的作文教学改革，让尤立增的写作教学有了更明确的方向和更丰富的经验。

　　2010年，尤立增的"学情核心"语文思想初步形成。"学情核心"语文思想萌发于"转化教学论"，并基于"转化教学"的基础，逐步形成"学情核心"阅读教学法。后来他进一步拓展研究领域，将"学情核心"的理念由阅读延伸至写作、高考备考等领域，最终形成"学情核心"语文教学思想。

⊙ 尤立增（中）秉持"学情核心"理念指导教学

在形成并推广"学情核心"语文思想的过程中，尤立增物化了很多成果。2008年，尤立增出版学术专著《名师讲语文：尤立增讲语文》，随后他又主编《紫塞雁翔》《学海方舟》《河北省普通高中会考说明·语文》等教学用书。

2013年至2015年期间，尤立增先后编写多本校园文学校本教材，包括《思想的苇草》《那些温暖的记忆》《昨天的雨编织今天的虹》《守住那一缕清香》，总计150余万字。

2015年，尤立增结合"学情核心"写作教学实践，出版写作教材《高中作文教与学》，该书体现"为生命写作"和"为生存写作"两条主线，适用于高中所有年级的学生。

尤立增推荐的学生作品在《语文报》《语文周报》《语文学习报》《张家口晚报》上发表。他的学生参加全国作文大赛，均取得优异成绩，在高校自主招生中因此受益者有50余人。

探索之路没有终点，"世易时移，变法宜矣。譬之若良医，病万变，药亦万变"。随着教学改革出现新变化，尤立增把着眼点又放在"学情核心"群文阅读策略和"学情核心"整本书阅读策略的研究上。

尤立增主持的课改实践与成果不断推广，惠及更多的教师。2016年，尤立增入选国家"万人计划"教学名师，并再次当选中国共产党河北省第九次代表大会代表。

尤立增时常想："如果把语文教学当作一项事业，真正走进它的殿堂，就会发现这项事业苦得其所，乐得其所，苦中有乐，其乐无穷。"

"我不会停下自己前行的脚步，心中有目标，行动有方向，我将坚定前行，并享受其中的苦与乐！"这是尤立增在教学改革中的誓言和初心。

一分耕耘，一分收获。从1993年误读师范专业起，到如今的追求卓越，尤立增并未受专业所累，而是在自己的教学生涯中开辟了一片新天地。

在教学方面，尤立增在省级、国家级比赛中多次获奖，并承担示范课的教学任务。在教改实践方面，尤立增始终践行周子诚先生提出的"转化教学论"教学主张，主持"'转化教学论'实践的深化与拓展"教改实验，推广"'转化教学论'实践的深化与拓展"教改成果，将教学实践转化为理论，形成"学情核心"阅读教学法，最终形成"学情核心"语文教学思想。他发表论文百余篇，出版论著十余本。勤耕不辍的尤立增获得市级、省级、国家级各类荣誉十余项。

尽管身披荣誉，尤立增依然很清醒，他并没有骄傲自满，更没有高高在上。他常这样告诫自己："教育是一片海，我就是在海中漂泊的一叶扁舟。只有把握正确的方向并具有高超的驾船技术，才不会在这片浩瀚中迷失自我。"

⊙ 尤立增秉持"学情核心"理念指导教学

# 第五章　桃李不言，下自成蹊

扫码解锁

◉群英颂歌 ◉师者风范
◉铸魂育人 ◉奋斗底色

## 润物细无声

尤老师，您救了孩子，也救了我们家。

尤立增初为人师时，曾向老教师请教教育的本质。老教师说："教育就是雕龙与铸魂的事业。"在后来的教育生涯中，这句话一直指引着尤立增前行。

"雕龙"，用于形容尤立增在语文教学实践方面的用心和成就再合适不过了。在语文教学的岗位上，尤立增凭借一颗"匠心"，在实践中不断创新，引领学生通过语文学习领略文字的丰富与美好，激发学生对文字的热爱。尤立增的语文教学如同一面旗帜，他培养了一批又一批徒弟，也影响了一届又一届学生。

然而，教育不仅仅是传授知识，教师也不能只有"匠心"，更要帮助学生培育独立的思想，树立健全的人格，教会学生感受生活的美好，勇于直面人生的挑战，从而铸造一个又一个闪光的灵魂。尤立增将语文教学与育人工作紧密结合，用爱与智慧影响着一个又一个有志青年，他无愧于"铸魂师"的称谓。

## 人生的筑梦人

在教学过程中，尤立增对学生的影响深远，他甚至改变了一些学生的命运。

1996年9月，上一届学生毕业后，尤立增又回到高一年级担任班主任。然而，开学两天了，崇礼县（今河北省张家口市崇礼区）一名叫李建国的学生却还没有报到，这让尤立增的内心充满了疑惑。

直到开学第三天的下午，李建国才找到尤立增。得知李建国还没吃饭，尤立增二话没说便把他领到附近的小饭馆。吃过饭，李建国才讲起迟迟未报到的缘由。

李建国出生在崇礼县的一个偏僻的山村。他从小没了母亲，父亲身体不好，由奶奶一手抚养长大。尽管家里的生活非常困窘，但李建国从小学习刻苦，成绩优秀，中考时以全县第二名的好成绩被张家口市第一中学录取。开学前一天，突降大雨，村里通往县城的公路被冲毁。李建国步行七八十里山路，辗转多时才到了崇礼县城，坐上开往市区的汽车。

了解到这个情况后，尤立增开始忙前忙后为李建国解决困难。最终，学校不仅免除了李建国的学杂费，还从校友基金里每月为他提供二百元的生活补助。

在尤立增的帮助下，李建国解开了家庭贫困的心结，成绩一直位居年级前几名，还当上了班长。高中毕业前，李建国还获得了河北省"三好学生"的荣誉称号，并光荣地加入了中国共产党。高考中，李建国取得了全校第三名的好成绩。怀揣着建设家乡的梦想，李建国报考了中国农业大学，本科毕业后他继续深造，顺利取得博士学位，并留在了中国农科院，致力于马铃薯育种研究。他在坝上[1]建立了实验基地，用自己的技术研究助力家乡的脱贫攻坚之战。

和李建国同班的牛志恒也把尤立增视为生命中的贵人。

牛志恒在高二的时候，有一阵子痴迷打台球、玩游戏，导致成绩一下子降到年级百名之外。尤立增对牛志恒说："你和其他孩子不一样，当你在外面玩的时候，要想一想你的父母还在为你扛活呢。"当时牛志恒的眼泪一下就掉下来了。正是这一句话，让牛志恒迷途知返，此后成绩稳步上升，最后在高考中逆袭成为班级第一名。

尤立增还帮牛志恒做了适合他的职业规划。有一次，尤立增发现牛志恒把平时常用的计算器的各种功能全都开发了出来，表现出独特的天分。他当时就认为理工科和计算机科学更适合牛志恒。于是，在牛志恒填报志愿时，尤立增鼓励他选择哈尔滨工业大学的计算机专业。后来，牛志恒如愿考上哈尔滨工业大学，本科毕业后继续深造，先后取得硕士和博士学位，走上工作岗位后，从事计算机算法相关的研发工作。

---

[1] 特指由草原陡然升高而形成的地带，又因气候和植被的原因形成的草甸式草原。笼统的"坝上"是指河北省向内蒙古高原过渡的地带。

三年后，尤立增的另一个学生同样受到尤立增的高度关注。1999 年高考前，一个叫刘健的学生情绪低落，成绩直线下降，从年级的前百名降到了三百多名。

原来，刘健的父母双双下岗，没有工作的他们经常召集一些人在家中打麻将，严重影响孩子的学习和休息。尤立增得知后，多次跟刘健的家长联系，但刘健的困扰并没有得到解决。

这一天，尤立增按照学籍上的家庭住址找到了刘健的家。敲开房门，房间内众人还在热火朝天地打着麻将。尤立增苦口婆心地对刘健的父母说道："以孩子的学习能力，他一定能考上重点大学。刘健考上一个好学校，不仅会改变他自己的命运，也会改变一个家庭的命运，还能为这个社会作出贡献。"刘健的父母颔首，答应一定会改变现状，全力支持刘健的学习。不久后，刘健脸上的笑容又回来了，成绩也越来越好了。

高考后，当刘健收到军校的录取通知书时，他的父母含着眼泪说："尤老师，您救了孩子，也救了我们家。"

从很多学生的成长经历来看，尤立增无愧于这样的感恩与称赞。

## 梦想的引路人

尤立增不仅帮学生筑梦，也做学生梦想的引路人。

一个名叫谷春雨的学生在学校的实验班就读，他和尤立增在一个初秋相识。彼时尤立增身着中山装登上讲台，一开口就使全

⊙ 尤立增于泰山顶

班同学目瞪口呆，赢得阵阵掌声。再加上尤立增著作等身、业绩斐然，一群高中热血少年瞬间被他折服。

听尤立增的课，谷春雨总是沉浸其中。尤立增在课堂上说"教育可以通向人类心灵深处，是雕龙铸魂的事业"。这句话为谷春雨埋下了从教的梦想种子。

走出贫困的山区，步入高速发展的城市，是谷春雨曾经的梦想。但听了尤立增的语文课后，谷春雨总感觉自己之前的梦想乏味、空虚，无法给予自己想要的充实感。在一次周记中，谷春雨吐露自己的心声，尤立增批注道："问心，你到底需要什么？"在一次家宴上，谷春雨骄傲地向家人谈起尤立增，他的父亲听后感慨道："如果我当年遇到尤先生这样的老师，也许就不会早早辍学务工。"在辗转反侧的深夜，谷春雨下定决心，要紧跟尤立增的步伐，成为一名优秀的中学语文教师，一名脚踏实地的教育工作者。因此，在填报高考志愿时，谷春雨义无反顾地报考了师范院校的中文系。而今，谷春雨已成为一名优秀的中学语文教师。

同样的梦想，也深埋在学生李君的心里。

李君是尤老师的忠实"粉丝"。在尤立增的课堂上，李君感受到老师的热情和毅力和对中华文化的坚定自信。

尤立增的国风气质，从语文课堂溢出，已凝结成为他生活的坚持。他喜欢穿立领服饰，且不过"洋节"。渐渐地，李君和其他同学一样，深受尤立增的影响，敏锐地察觉到外来文化对中华文化的冲击，不愿再凑各种"洋节"噱头下的商业热闹。

尤立增关注时事热评，无比热爱中华优秀传统文化，身上有种深深的浪漫主义情怀。后来，李君才明白，这就是现在人们耳熟能详的"文化自信"。

高二时，李君是班长。她当时觉得班长并没有太多工作，主要是定期组织大家轮换座位，偶尔负责收费、传达通知等事宜，因此也不觉得难做。然而，在一次调座位的过程中，个别同学对调换方式不满，尤立增也听到了这样的声音。尤立增甚至没有问李君具体采用了什么样的调座方式，就选择了无条件相信和支持李君，"她说怎么调就怎么调。"这给了李君极大的信任和鼓励，让她更坚定为同学们服务的决心。后来，尤立增作为李君的入党介绍人，引领李君加入中国共产党。这成为李君大学阶段接受新生党员培训、持续活跃在学生工作领域、选择职业生涯的重要起点。

"长大后，我就成了你。"受尤立增的影响，硕士毕业后的李君选择成为一名高校辅导员。尤立增的育人理念——"雕龙铸魂"，也成为李君的信念：扎根中国大地，坚定理想信念，敬业爱生，立德树人。

从听课者转变成授课者，谷春雨难以忘记尤立增对语文课堂的雕琢；从受教者到传承者，李君无法忘记尤立增对传统文化的坚守。尤立增将学生带到了梦想的彼岸，指引他们走向远方。

### 思想的指引者

尤立增指引学生走向梦想的远方，也帮助学生培育独立的思想和健全的人格。

2002 年毕业的吕方直到现在还记得尤立增教给她的"责任"。

刚上高一时，尤立增对班委说，除了学生交的班费外，每个班还有一笔学校提供的特殊基金，由班主任保管着，如有特殊情况需要使用这笔基金，需要班委共同申请。吕方读高二那年的春天，学校组织全年级到北京参加社会实践。当时班上有一名贫困学生，为了保证他也能参加，尤立增对班委提出由班级特殊基金支付该学生的社会实践费用的建议。当时吕方就是班委中的一员，她虽然不知道这个贫困学生是谁，但也和其他班委一起默默支持尤立增的提议，并提出了申请。直到吕方毕业后和其他班的同学一起回忆当年社会实践的趣事时，才惊讶地发现当时学校并没有这笔特殊基金。所谓基金，其实是尤老师自掏腰包"赞助"的，他用这种方式教会学生们在他人遇到困难时要伸出援手，同时这种方式也保护了一个少年敏感的自尊心。这是吕方第一次深切体会到自己的责任和师长的期许，让她更明确了自己为人处世的原则和标准。高中毕业以后，吕方的身份不断变化，但她始终坚守职责，履行义务，信守对别人的承诺。

2010 年毕业的常歌，深深记住了尤立增"低调做人，高调做事"的教诲。尤立增上课时总是将黑板的板书分成两部分，在黑板的左边写课文的题目，又在旁边画下一条长长的竖线隔出一侧空白。一节课结束，黑板的左边恰好填满与课文有关的细密的提纲与释义，而那竖线的另一侧，却总是留白或留下几句与课程看似无关的话语——如"低调做人，高调做事"，又或者是更简单的思考。那些笔记上的释义，早已随着记忆一点点发黄褪去，但黑板另一侧被擦去的寥寥数语，却如金石般，随着时间的流逝而越发展现出它们的价值。高中毕业若干年后，研究生常歌跟随导师研究一个冷门且充满未知的领域——"生物分子通信"。靠着"高调做事"的毅力，常歌将研究成果转化为文字，反复修改，最终投稿成功。

2013年毕业的王清扬，牢牢记住了尤立增的教诲，保持观察与思考的习惯。2016年毕业的闫晓毅，毕业多年依然对高中三年的周记随笔印象深刻，因为那其中有尤立增的赞美与鼓励、督促和鞭策。2019年毕业的李想，是尤立增的课代表，和尤立增的相处时间较多，李想学到的更多是尤立增的处事态度与做人准则。

尤立增就这样，深深地影响着学生的思想。

## 灵魂的塑造者

学生杨逸飞在本科期间作为交换生，参加大学的迎新活动时，主持人要求来自世界各地的学生探索自己的身份认同，如国籍、族裔、母语、性别、家庭等。当主持人问到"哪一种身份你将继续学习和探索"时，杨逸飞毫不犹豫地选择了"母语"。统计结果显示，选择母语的人寥寥无几。主持人问杨逸飞是否愿意分享一下自己的感受。杨逸飞站起来，不疾不徐地说："作为一个中国人，我热爱自己的语言和文字。对我来说，母语是学不尽的，我愿穷尽一生去探索汉字奇妙的排列组合。"那一刻，周围响起了掌声，而杨逸飞的思绪则飘回到高中时代尤立增的语文课上。

那时候，同学们都很喜欢听尤立增的语文课。每当课代表一站到讲台说"下节课是尤老师的课"，吵闹的班级就能马上安静下来，规规矩矩地等待上课。紧接着，门外走来一位温和儒雅的先生。他个子不高，戴着黑框眼镜，头发已有些斑白。

给尤立增当学生的日子，是杨逸飞高中时代珍贵的记忆。和杨逸飞一样的还有王玮。

比杨逸飞早十年认识尤立增的王玮，在静夜长思时，总能看到一个意气风发、腹有诗书气自华的男人指引着他，将他渡到阳光大道的桥边。那个男人，正是尤立增。

王玮于 1999 年从张家口市第一中学毕业，先后就职于多家跻身世界 500 强的 IT 公司，目前是一家公司的创始人，并拥有文艺旅行博主、兼职影评人等身份。王玮对尤立增的印象已不清晰，他确实不记得尤老师的哪句话或哪个举动，让自己对这个世界有了好奇和善意。王玮有时会想，是什么让他如此确定那个他心中想好好叫一声老师的人，就是尤立增？

王玮是尤老师带的第一届学生。那时候的尤立增，还不是什么名师，更不是人大代表。那是尤立增第一次当班主任，面对着王玮这些半大小子，他兴许还有些不知所措。尤立增究竟是怎样影响王玮的？王玮的回忆渐渐展开。

读高中的王玮，世界观刚刚萌芽。一方面急于摆脱家庭的期许，另一方面外面的世界朦胧而遥远——而他的人生被高考这件事束缚得紧紧的，望不到远方。

尤立增那时候风华正茂，才气过人。他会和学生一起踢球、聊天，谈一些人生经历……让王玮印象深刻的是尤立增讲他毕业后孤身流浪的故事——尘满面，污满身，历经沧海，阅尽悲欢，心倦方知返，对任何一个少年来说，这都是绝对的浪漫。如今的王玮，每年都要出去旅行看世界，大概就是被当时尤立增的那份浪漫所感染。

多年后，王玮有了自己的女儿。在给女儿起名字时，他突然想起尤立增在课堂上喜不自胜地讲他给儿子起名字的场景：尤立增说他儿子的名字取自《陋室铭》中"谈笑有鸿儒"这一句，孩子的大名就叫"尤鸿儒"，小名就叫"谈笑"，简称笑笑……尤立增眼神中的得意，给了王玮新的思路。他从"大师起名"的思维中跳脱出来，借鉴尤立增给儿子取名的方式，给女儿取了名。王玮同时感慨道，尤立增无形中指引着他运用文化去解读世界，与天地万物共情。这种潜移默化的影响，可以绵延久远，惠及子孙。

而今，已为人父的王玮会像尤立增一样，每年在女儿生日那天给她写一封信。女儿六岁时要上学的那一年，王玮写下这样一段话：

我坚信，如今这个时代，获取知识的成本已经降到了最低，我不担心你想获知识而不得。我希望的是学校里有人能让你对知识产生向往。所以，我期盼你能遇到好的老师，哪怕只对你说过只言片语，哪怕只是教你很短的一段时间，只要能激发你对这个

⊙ 尤立增（左四）与往届学生们的合影

世界的好奇和善意，都要好好地尊称他一声老师……

写这些话的时候，王玮多么希望，女儿也能像自己一样幸运，遇见尤立增这样的老师。

尤立增对学生的影响，伴随学生一生，流淌在学生的血液中，镌刻在学生的灵魂中。

# 亦师亦友亦知己

他，竟然把这些别人眼中的"秘密武器"毫无保留地给予我们每一个人。

1999年，尤立增有了自己的第一个徒弟——王塞北。从那时开始，尤立增的徒弟不断增多。在尤立增的徒弟眼中，他是个严格要求自己和徒弟、善于思考、用心钻研的人。他在生活中不苟言笑，在工作中兢兢业业，一心扑在教育事业上，尽职职责。

## 责无旁贷

尤立增的徒弟是这样评价师父尤立增的："课堂一直是他的宫殿，他的荣光没有哪一刻比站在讲台上更耀眼。"

尤立增不仅用心守好自己的课堂，也尽心履行师父的责任，不遗余力地教导徒弟守好自己的课堂。

2008年，徒弟王栋刚到张家口市第一中学工作，被分到了南校区。上班一个月后的一天早晨，尤立增特地从北校区赶到南校区，告诉王栋和另一位新教师，他是专程来听他们的常态课的。王栋很惊讶，因为尤立增当时正在教高三，不仅是年级的备课组长、学校的语文教研组长、督导组组长，还负责两个班的语文课教学任务，担任一个毕业班的班主任。他竟然会专门为了两个新入职的老师，拿出整整一上午的时间，跨越16公里，风尘仆仆地从北校区赶到南校区，这是多么认真负责啊！那天上午，尤立增听完课后对两个年轻教师的课进行了点评，他耐心细致、不厌其烦地给两位新教师讲了又讲、说了又说……

2010 年，王栋正式拜尤立增为师，成为尤立增的正式弟子。

## 严慈相济

徒弟们对尤立增的共同印象是严格。

对徒弟，尤立增最担心的是他们不研究教材、不认真思索、不怀疑、不交流。开展教研活动的时候，大家坐在一起，如果没有人有疑问或有困惑，他就会感到郁闷。每次和徒弟面对面探讨教学问题的时候，尤立增总会忍不住苦口婆心地教导。他没有办法放弃他的原则，无法对不读书、不思考、不研究的教学现象熟视无睹。

尤立增对徒弟要求高，对徒弟的关爱却藏在细微之处。

王塞北回忆道："师父不苟言笑，但其实他并没有怎么批评过我们。因为如果我们做得不好，他首先会感到失望和痛心，之后他就觉得没有批评我们的必要了。他通常都是一个人埋头看书、思考。"

当大家都在钻研教材的时候，有人一时懈怠，听起了流行音乐，尤立增只会看他一眼，叹一口气。虽不会严厉批评，但能让徒弟感受到他的殷切期盼和温暖。当大家都下班回家了，他看到徒弟还在埋头看书备课的时候，会在经过时简单地说一句"吃饭去吧"。当徒弟跟在他后面去听课的时候，在教室门口，他会回过头嘱咐一句"进去吧，有凳子吗"。当徒弟第一次面对新的课文，深思熟虑后仍困惑不解的时候，他仍然耐心地鼓励"这样就对了，得发现问题"。当徒弟教的班级成绩很好，但因没被学校表扬而有点沮丧时，他一句"工作首先是给自己干的"就打开了徒弟的心结。

在他们的工作中这样的温暖瞬间不计其数。徒弟们在教学上或者生活中有什么困惑，第一时间想到的就是"找师父"。人们常说"一日为师，终身为父"。尤立增的徒弟说，他们和师父就像是一个大家庭里的亲人。尤立增从来不讲什么空洞的大道理，但他的一言一行却深深地影响着身边的每一个人。

## 毫无保留

尤立增的课堂对所有人开放。在尤立增的课堂，徒弟可以看到他如何引导学生经历一个产生疑问、发现问题、提出问题、分

⊙ 2017年，尤立增（左四）与徒弟们集体备课

析和解决问题、总结方法与经验、形成新的研究问题的问题探究过程。

尤立增于2000年推行"预习作业"，并形成"学情核心"思想。他从不吝惜自己的创意，而是把它们毫无保留地分享给徒弟们。徒弟们经常在他的经验的启发下，茅塞顿开。

尤立增给徒弟们的远不止这些。

在徒弟王栋的记忆中，高一开学第一次备课组会上，尤立增给备课组的每位老师都发了一份他精心准备的教案。那是一份整理得非常细致而充分的材料汇编，后面还附上尤立增预设的教学过程。尤立增说："教案只是给大家做个参考，你们自己的课堂，要有自己的设计与思考。"接着，尤立增又郑重地拿出他独创的预习作业模板，要求备课组全体语文教师在平时的讲课中都要使用。

徒弟们刚开始时有些疑惑，但后来发现，这份"预习作业"把多年来一直让很多语文教师头疼的"预习"环节落到了实处。

王栋感叹道："师父那些看似简单的说法与做法，其实是从自己多年的教学经验中精心提炼出的精华。而他，竟然把这些别人眼中的'秘密武器'毫无保留地分享给我们每一个人。"

"问渠那得清如许？为有源头活水来。"孜孜不倦地用心研究，让尤立增有更多扶持后辈的底气。在自己的教学生涯中，不管迸发出什么灵感，尤立增一定会和徒弟、同行分享他的收获和喜悦。

## 潜移默化

尤立增对徒弟的扶持，不止于可见的帮扶工作和指导，还体现在他的言传身教中，在于日复一日的潜移默化中。

徒弟张志彬第一次听过尤立增的课后感叹道："听完尤老师的课，我有身临其境之感，对词的意象和全词营造的意境产生了生动的想象和强烈的共鸣。"

在文学鉴赏课上，尤立增从来不用课件，因为课件会削弱学生对文学作品的独到感受。在尤立增的影响下，徒弟张志彬在课堂上对文本的解读也更加深入，他更注重对学生能力的提高。

尤立增对学生练笔的要求也对徒弟们影响深远。在尤立增的影响下，全校青年教师跟着他一起，要求学生写练笔作文。2005年，在张家口市第一中学九秩华诞之际，尤立增将高中一个年级的学生作品汇集成《紫塞雁翔》一书，作为献给学校诞辰的一份贺礼。

严于律己、不苟言笑的尤立增，一丝不苟地对待自己的教学，严慈相济地温暖着徒弟，毫无保留地扶持后辈，潜移默化地影响青年教师。对徒弟而言，尤立增更像一位大家长，严肃的背后藏着他对后辈的理解、鼓励和期望，藏着润物无声的智慧。

尤立增先后指导了三十余名青年教师，他们不断进步，获得国家、省、市级各项奖励数十项。徒弟们正循着尤立增的步伐，行无止步，不断进步。

# 同舟共济扬帆起

*如果县里的孩子回不了家，你就让他们到家里吃饭吧！*

在尤立增的名师之路上，妻子劣雅丽是一个不容忽视的人。她和尤立增并肩同行，相互分担，共同成长。在张家口市乃至河北省教育界，他们颇有名气，并拥有一个独特的名字——"尤劣组合"。

劣雅丽老师的荣誉虽不及尤立增的多，但在河北省教育系统也颇负盛名。并且随着教育教学成绩的积累，劣老师也取得了特级教师、正高级教师的荣誉称号和职称，在语文教育界的声誉也越来越高。

同是语文教师，同样热衷于教育教学改革与创新，劣雅丽对尤立增工作的辛苦感同身受。她非常理解尤立增的工作，也默默地承担了几乎所有家庭事务。

孩子还小的时候，尤立增夫妇都负责班主任工作，总是不到七点就把孩子送到幼儿园，此时幼儿园老师还没有上班。在幼儿园长长的走廊里，孩子背着小书包，来来回回不知道走了多少趟，

⊙ 尤立增和儿子在公园观察蚂蚁

才等到老师到园。

孩子上幼儿园期间，绝大多数时候，尤立增夫妻俩都没有时间接孩子，因为他们的工作实在太忙。有的时候，尤立增会托付没有课的徒弟或同事帮忙去接孩子。

孩子上小学后，除了一年级第一个学期夫妻俩亲自接送外，从第二个学期开始，尤立增便托付孩子的班主任，放学后把孩子送到马路对面，让孩子自己背着书包走到自己的工作单位。

尤立增经常外出送教，无暇顾及孩子的教育，因此，孩子的教育任务就落在劣雅丽身上。其实，他们从来没有专门辅导过孩子的功课，也没有给孩子报过任何课外补习班，孩子几乎是在"野蛮"生长。

劣雅丽也非常照顾尤立增班上的学生，她几乎认识尤立增的每一个学生。每到节假日，劣雅丽总是说："如果县里的孩子回不了家，你就让他们到家里吃饭吧！"尤立增的学生到家里过节时，劣雅丽总会做上一桌可口的饭菜，让孩子们趁机改善伙食。甚至有一个家在内蒙古的学生，整个高中的三个中秋节都是在尤立增家里过的。

劣雅丽对尤立增资助学生从没有半句怨言，因为她自己也资助过很多家庭困难的学生。

⊙ 2019年4月，教育部领航工程名师工作室启动暨尤立增教学思想研讨会现场（右一为尤立增）

# 砥砺前行守信念

2017 年，尤立增担任河北省北方学院硕士生导师；2019 年，尤立增被评为"全国模范教师"，成立国家级、省级名师工作室。

名师工作室的核心作用在于提高教师的教学水平，推动教育事业的发展，并增强学生的综合素质。尤立增名师工作室通过示范辐射、专业引领、成长探索和教育研究，为骨干教师搭建交流平台，实现"名师引领、团队合作、共同提高、资源共享、均衡互补"的教师专业发展战略。

工作室积极开展各项活动，发挥辐射示范作用，引领同行同向并进。

一方面，尤立增名师工作室积极与其他名师工作室开展联合活动，或邀请名师专家，或主持公开课与讲座，发挥辐射示范作用。为了发挥辐射示范作用及培养青年教师，从 2018 年开始，尤立增名师工作室与陕西省宝鸡市、吉林省长春市名师工作室长期联谊。2018 年 6 月，工作室与呼君工作室联合举办基于核心素养的整本书阅读和诗歌教学大型研讨活动。2018 年 8 月，工作室邀请北京吴欣歆教授就"整本书阅读"进行传经授宝，带来《"整本书阅读与研讨"教学实践与反思》报告。2018 年 8 月，工作室成员马宁展示研讨课，课后举行了基于核心素养的"学情核心"教学研讨会。2019 年 3 月，尤立增举办《基于核心素养的古诗歌教学与备考》的专题讲座。2019 年 3 月，工作室赴衡水中学参加"河北省高中语文名师工作室联盟活动"。2019 年 4 月，工作室于张家口市第一中学举行"教育部领航工程名师工作室启动暨尤立增教学思想研讨会"。

另一方面，尤立增名师工作室虚心学习，四处取经。2019 年 6 月，工作室赴沧州一中参加"新课程 新理念 新高考"教育教学研讨会。2019 年 7 月，工作室赴扬州观摩第十二届"语文报杯"全国中青年教师课堂教学大赛。2020 年 11 月，工作室赴杭州参加校园文学研究会活动。

不仅如此，尤立增名师工作室还积极走出去，带领学员"送教下乡"，将优质教育资源辐射到更广的区域。2018 年 10 月，尤立增赴河北省沧州市，为沧州一中的教师带去了《以学情为核心的语文教学》的专题报告。2019 年 1 月，尤立增名师工作室成员前往河北省沧州市献县一中，开展"送教下乡"活动。2020 年 5 月，尤立增名师工作室在"中小学写作教学"公众号开办了七场高考作文公益讲座。

尤立增名师工作室用心整理工作室成果，将实践经验转化为系统理论，以惠及更多教师。

⊙ 尤立增参加河北省教学团"送教下乡"活动

工作室学员及尤立增指导的徒弟们积极开展课题研究，收获颇丰。工作室团队整理丰富的实践经验，形成独特风格和理论体系，并积极出版专著或参与专著编写工作，业绩突出。除了论著之外，工作室团队还发表论文十余篇，主持公开课、优质课和讲座数十次，获得各级奖励和荣誉数十项。

尤立增名师工作室和其他工作室联动，不仅将名师和专家请进来，也带领学员走出去，在丰富自身、获得成长的同时，也影响更多的语文教师，不负工作室组建的初心。

# 第六章　路漫漫其修远兮

扫码解锁

◎群英颂歌 ◎师者风范
◎铸魂育人 ◎奋斗底色

# 俯首甘为孺子牛

为天地立心，为生民立命，为往圣继绝学，为万世开太平。

尤立增以其严谨治学的态度和无私奉献的精神，成为党和人民信赖的人。他多次被选为张家口市党代表；2001年和2016年，先后两次被选为省党代会代表；2018年，更是被选为全国人大代表，这是多么高的荣誉啊！

尤立增认为这是赋予责任和托付信任。从教师到代表的身份转变，让他的目光从学生转向人民。这份责任压在身上沉重而有分量，使他时刻保持冷静，深知自己任重道远。

从成为人大代表的那一刻起，尤立增就把对教学的热情和脚踏实地的作风投入人大代表工作中。作为来自基层的人大代表，尤立增认真学习代表的基本工作流程和工作内容，不断向老代表请教，并结合自身实际认真履行职责。他还深入走访基层，广泛听取社会各阶层的需求和建议。

通过实地考察，尤立增了解到，借势京津冀一体化国家战略等历史发展机遇，特别是北京市偕同张家口市成为2022年第24届冬奥会的申办城市后，张家口市迎来了因雪而变、因雪而荣的

⊙ 2018年，尤立增参加全国人民代表大会

蜕变。围绕"带动三亿人参与冰雪运动"的目标，张家口市近年来充分利用自身资源，大力普及冰雪运动。仅 2017—2018 年河北省雪季系列活动安排中，张家口市就举办了四十八项冰雪活动。随着冰雪运动参与人数的增加，冰雪教练、雪场运营与管理等专业人才的供需矛盾日益尖锐，专业人才缺口巨大、就业准入制度不健全、专业院校培养人才不足等问题日渐凸显。

针对这种状况，尤立增将相关部门和企业的诉求进行整合归纳，写成了代表议案——《关于继续扩大冰雪人才的培养规模的建议》。

尤立增建议，按照"政府牵头、省市共建、京津协同、企业参与、学校承办"的原则，以张家口职业院校为主体，吸纳北京体育大学、首都体育学院、天津体育学院、河北体育学院等高校和京津冀部分优质高等职业院校、行业体育协会、冰雪类设备制造企业、冰雪场馆等共同参与，成立张家口国家级冰雪产业职教集团。

尤立增认为，除成立张家口国家级冰雪产业职教集团外，还要继续鼓励地方院校开设体育休闲相关专业，以培养更多人才。

对于就业准入制度，尤立增建议加快冰雪运动行业岗位分工细化，出台相关等级标准，以完善相关制度。

此外，尤立增还建议引进帮扶力量，开设冰雪设备维修专业，为京津冀协同发展和冬奥会的技术技能型人才的培养作出贡献。

2019 年 1 月，国家体育总局对尤立增的议案给出答复。答复指出，支持各地开展冰雪产业职业教育，加强冰雪运动指导员队伍建设，加大冰雪运动各类人才培养力度，努力满足群众性冰雪运动专业培训需求，积极协调相关部门优化体育相关专业设置和对接教学标准，鼓励校企合作。

在教育方面，尤立增更是殚精竭虑、呕心沥血。在"送教下乡"的过程中，尤立增深入农村，不怕辛苦。通过对当地学校的实地考察，与当地群众、领导和学生的交流，了解到偏远贫困地区存在教育资源匮乏、城乡差异大的问题，这让从事教育事业的他痛心不已。针对这一现象，尤立增提出发展公平而有质量的教育建议。

尤立增带着人民的殷切嘱托来到人民大会堂参加全国人民代表大会，他的笔记中密密麻麻地记录会议精神、改革方向、建议议题等内容。尤立增深知，与优秀的人大代表相比，自己要做的事情还有很多。按照他自己的话来说："做好人大代表要不忘初心、踏实肯干，做好人大代表工作的前提是做好自己的本职工作，关键是要有一腔爱国热忱和为民服务的公益心。做好人大代表工作，没有最好，只有更好。"

如今的尤立增依然站在三尺讲台上挥洒汗水，不同的是，他比以前更加奔波劳累，汇报工作、考察民情、传递党和国家精神，每一项工作他都认真对待。有人问他累不累，他总是满足而欣慰地一笑置之。因为他知道，"为天地立心，为生民立命，为往圣继绝学，为万世开太平"这句曾经是他教育学生的训语，也正是促使他勇往直前、砥砺前行的人生追求！

教育部于 2018 年 5 月启动"国培计划"中小学名师名校长领

航工程（简称"双名工程"）。"双名工程"是全国中小学教师校长培养的最高班次，对百名优秀教师和百名优秀校长，进行三年连续性系统化培养，旨在充分发挥名师名校长的示范引领作用，探索教育领军人才培养的有效模式，营造教育家脱颖而出的制度环境，着力建设新时代高素质专业化创新型教师队伍。

2018 年 5 月，浙江师范大学成为"名师领航工程"的培训基地。五位来自全国各地的高中语文名师在浙江师范大学接受为期三年的培训，尤立增便是其中之一。

2019 年 4 月，由教育部国培办与"名师领航工程"浙江师范大学基地联合主办的"教育部领航工程名师工作室启动暨尤立增教学思想研讨会"在张家口市第一中学举行，尤立增成为基地五位学员中首位举办教学思想研讨会的人。

## 甘为春山化雪涛

好，咱们就讲"全国语文试卷命题探究及 2019 备考策略"。

2019 年，尤立增成为国家级、省级名师工作室的主持人。他的工作室以问题为导向，以教学思想为引领，以课堂为载体开展研修活动，将新理念、新思想辐射到工作室成员所在学校及二级工作室，并逐步推向全国各地。

主持工作室以来，尤立增发挥名师的辐射引领作用，参加"送教下乡"活动，行程达数万公里，截至 2023 年年底，他的足迹已遍布河北省的 73 个县区市，他也曾到 28 个省区市送教送培，执教公开课或做学术报告 300 余场，从张家口走向全省，乃至全国！

送教送培的故事总是让人印象深刻。尤立增至今忘不了那年冬天，他带领工作室成员冒着浓雾驱车前往河北省沧州市献县送教的经历。

那是在 2019 年冬天，献县一中在建校 70 周年这一天，邀请尤立增携工作室成员去送教。11 月底的沧州，正是雾霾高发的季节，尤立增带着工作室的全体学员，驾车从张家口一路赶往献县一中。那天，因为雾霾太大，高速和国道都关闭，他们只能改走省道、乡道。历经 9 小时奔波，跨越 500 公里，他们终于准时赶到沧州市献县，为 400 多名教师送上了一场语文的饕餮盛宴。

在那次活动中，尤立增对三节观摩课做点评，热情称赞了三位授课教师的素质功底和教学设计，又中肯地提出了三节课在关注学情方面的改进方向。

到了报告环节，尤立增沉静地笑着问："大家想听什么？"县里的教师们大声说想听高考备考。"好，咱们就讲'全国语文试卷命题探究及 2019 备考策略'。"

尤立增打开电脑，从近三年的高考试题命题特点、规律和走向，到每个知识点的备考策略，条分缕析，娓娓道来。讲者言无不尽，听者如饥似渴。活动结束后，尤立增说，辛苦这一趟很值得。

那一天，沧州市教育局师教科主管名师工作室的亢桂良科长，午饭后偶然听到尤立增一行人来献县送教的消息，感动得自己开车冒着大雾一路追到献县一中，坐在会场的一角听了个尾声。送教结束后，亢桂良上台向尤立增和工作室的学员们表达感谢。这次活动的简讯，被河北省名师工作室网站推送到首页轮播。

尤立增名师工作室不仅在河北省内发挥辐射作用，也走出河北省，走向全国，走到更多需要他们的地方去。

2020年5月，尤立增带领工作室成员到云南怒江傈僳族自治州福贡县送培送教。这次送教在路上颠簸了4天，路程长达8000公里，路途遥远，困难重重。大家光是从云南保山市到怒江傈僳族自治州福贡县，就弯弯绕绕走了400公里，整整走了一天。沿途一边是高耸入云的高黎贡山，一边是波涛汹涌的怒江，随时面临着塌方和泥石流的风险。

到达福贡县后，只有一天半的送培送教时间，尤立增为当地师生授课近9个小时。福贡县位于祖国西南边疆，是少数民族聚居的地方。在这里，尤立增尽管面临饮食不习惯、嗓子哑了、水土不服高烧39度等困难，但他都一一克服，接着讲课。针对当地少数民族占比98%的学情和校长提出的新要求，尤立增及时调整策略并连夜准备讲座内容。

2020年9月，尤立增名师工作室派出王塞北、王俞瑜、梁秀峰三位学员到云南怒江傈僳族自治州福贡县开展教育帮扶工作。他们半年的支教工作得到帮扶学校和当地教育部门的高度赞扬。

2021 年 7 月，三名学员都得到教育部的表彰，获得教育部教师工作司纪实荣誉两次，同时被授予"优秀支教教师"称号和"怒江州荣誉市民"称号。

丹心热血系边疆！尤立增和他的团队不负国家级、省级"名师工作室"称号，不负教育的初心使命！


## 吾将上下而求索


路漫漫其修远兮，吾将上下而求索。


不负教育初心，不负名师使命。尤立增带着他的工作室和团队送教送培，足迹遍布河北省，还走出本省，走向全国，走向更多需要他们的地方。他的这份初心和坚守，也得到国家的认可。

2020 年 11 月 24 日，这一天是一个让尤立增终生难忘的日子。全国劳动模范和先进工作者表彰大会在北京人民大会堂隆重举行，尤立增作为 2020 年全国先进工作者参加了本次大会。

11 月 20 日，张家口市总工会三楼会议室内一片欢声笑语，气氛融洽。即将赴京参加全国劳动模范和先进工作者表彰大会的张家口市的五名杰出代表欢聚一堂。尤立增结合自身工作经历，阐发了如何做好本职工作，以及怎样更好地发挥劳模作用、弘扬劳模精神。他说，虽然有多次从政的机会，但他仍然坚守一线岗位，用仁心和爱心对待学生，这源于他作为教书匠的坚守和担当。参加活动的张家口市总工会的相关领导在现场与代表们一一握手，给他们送上祝福的鲜花，表达赞许和鼓励。

11月21日，河北省参加全国劳动模范和先进工作者表彰大会的代表相聚石家庄，集体乘车前往北京。

11月24日上午，参会的全国劳动模范和先进工作者来到人民大会堂。尤立增作为全国人大代表，曾多次到人民大会堂参加会议。但当他再次走进这神圣的人民大会堂时，内心的骄傲与激动还是难以抑制。

上午10时，表彰大会开始，全体起立，高唱中华人民共和国国歌。尤立增边唱着国歌，边流下激动的泪水。他的脑海中，出现了一连串闪光的名字和鲜活的身影，王进喜、时传祥、张秉贵、雷锋、王选、许振超……这些劳模身上，都带有不同时代的烙印，都体现一个时代劳动者的价值。而他自己有幸成为这些先进人物中的一份子，他流下的是幸福的泪水！

当听到宣读《中共中央 国务院关于表彰全国劳动模范和先进工作者的决定》的时候，当习近平总书记为全国劳动模范和先进工作者代表颁发荣誉证书的时候，尤立增感到激动和自豪，忍不住热烈地鼓掌。他深刻地认识到，劳动模范是工人阶级的优秀代表、民族的精英、国家的栋梁、社会的中坚、值得学习的楷模。劳动模范永远是时代的领跑者，他们有理由为此感到骄傲和自豪！

在全场热烈的掌声中，习近平总书记发表重要讲话。讲话强调，大力弘扬劳模精神、劳动精神、工匠精神。劳模精神、劳动精神、工匠精神是以爱国主义为核心的民族精神和以改革创新为核心的时代精神的生动体现，是鼓舞全党全国各族人民风雨无阻、勇敢前进的强大精神动力。劳动是一切幸福的源泉。全社会要崇尚劳动、见贤思齐……弘扬劳动最光荣、劳动最崇高、劳动最伟大、劳动最美丽的社会风尚。要开展以劳动创造幸福为主题的宣传教育，把劳动教育纳入人才培养全过程……培养一代又一代热爱劳动、勤于劳动、善于劳动的高素质劳动者。

听了习近平总书记的讲话，尤立增想起了他给学生讲过的几篇课文。《喜看稻菽千重浪》写的是科学家袁隆平发现天然杂交稻，培育杂交稻，进一步选育超级稻的长期而艰难的过程；《心有一团火，温暖众人心》记述了售货员张秉贵在平凡的劳动岗位上的不平凡事迹，热情周到的服务温暖了几代顾客的心；《"探界者"钟扬》讲述了科学家钟扬献身于种子事业，普及科学知识，悉心培养学生的故事，展现了对生命的高度和广度的不懈追求。尤立增当初给学生讲这些课文的时候，对这些人物的事迹和精神有一定的理解，但从未像今天理解得这样深刻。

习近平总书记的讲话让尤立增深刻感受到，劳模精神折射着一个时代的人文精神，反映出中华民族在这个时代的价值观念和道德取向；劳模精神简洁而深刻地展示着一个时代的人们的精神演进与发展，它凝重而浪漫，体现中华民族的时代思想与情愫。

表彰大会结束后，尤立增在日记中写道：

要树立终身学习的理念，养成善于学习、勤于思考的习惯，以实现学以养德、学以增智、学以致用的目标。我认为，平凡是最真的存在，站在三尺讲台上，教师会展现出一种永久的伟岸形象。跋涉于文字间，我或许走不进灯红酒绿的喧闹，却读得懂风清月白的宁静和旷远。在疲惫而忙碌的日子里，我真的没有想过要做出"惊天地，泣鬼神"的壮举，只想着用道德和智慧的甘泉，浇灌出一片如茵的芳草地；用坚实的脚步，书写一段段青春的壮丽诗行。我始终牢记这样一段话："甘于寂寞，安于贫困，勤于耕耘，乐于奉献。我无悔我的选择！"

"路漫漫其修远兮，吾将上下而求索。"尤立增被评为全国先进工作者，这不是他教学事业的终点，而是他更上一层楼的起点。